교과 주제로 시작하는

메가 독서 논술

A4

초등 1~2학년 자랑스러운 우리나라

교과 주제로 시작하는
초등 메가
독서 논술 A4

개정증보판 1쇄	2024년 7월 30일
펴낸곳	메가스터디(주)
펴낸이	손은진
개발 책임	김문주
개발	양수진, 최란경, 최성아, 조지현
기획·집필	박선희, 엄은경, 이민화, 이정화, 이정희, 장지영, 한화주
그림	김원희, 류미선, 박선호, 이유나, 이일영
표지 디자인	수박나무, 네모점빵
본문 디자인	수박나무, 네모점빵, 배다은
마케팅	엄재욱, 김상민
제작	이성재, 장병미
사진 제공	국립중앙박물관, 숭실대학교 한국기독교박물관, 위키미디어 공용
주소	서울시 서초구 효령로 304(서초동) 국제전자센터 24층
대표전화	1661-5431 (내용 문의 02-6984-6930 / 구입 문의 02-6984-6868, 9)
홈페이지	http://www.megastudybooks.com
출판사 신고 번호	제 2015-000159호
출간제안/원고투고	메가스터디북스 홈페이지 〈투고 문의〉에 등록

일러두기
• 맞춤법과 띄어쓰기는 국립국어원에서 펴낸《표준국어대사전》을 기준으로 삼되, 초등학교 교과서의 표기를 참고했습니다.
• 외국의 인명과 지명은 국립국어원에서 펴낸《외래어 표기법》을 따랐습니다.
• 본 저작물은 공공누리 제1유형에 따라 공공 저작물을 이용하였습니다.

메가스터디BOOKS

'메가스터디북스'는 메가스터디(주)의 교육, 학습 전문 출판 브랜드입니다.
초중고 참고서는 물론, 어린이/청소년 교양서, 성인 학습서까지 다양한 도서를 출간하고 있습니다.

KC
• **제품명** 초등 메가 독서 논술 A4
• **제조자명** 메가스터디(주) • **제조년월** 판권에 별도 표기 • **제조국명** 대한민국 • **사용연령** 3세 이상
• **주소 및 전화번호** 서울시 서초구 효령로 304(서초동) 국제전자센터 24층 / 1661-5431

이 책의 특징

〈초등 메가 독서 논술〉은 2022 개정 교과 주제와 연계된 다양한 갈래 글을 읽고 쓰면서
통합적 사고력을 키우는 초등 독서 논술 프로그램입니다.

독서와 논술
[책 읽기] [글로 표현하기]

• 2022 개정 교과 주제 연계 독서

• 갈래 글의 특징에 맞는 독해 활동

• 생각을 글로 표현하는 논술 활동

국어 공부
[어휘+문법+글쓰기]

• 교과 어휘와 필수 어휘 공부

• 국어 학습의 바탕이 되는 문법 공부

• 다양한 갈래 글 완성하기

1
2022 개정 교과 주제 연계 초등 독서 논술

• 초등 1~4학년 교과 주제와 연계된 글을 읽습니다.

• 독서를 통해 교과 내용과 관련된 배경지식과 어휘를 자연스럽게 공부함으로써 학습 능력이 높아집니다.

• 하나의 교과 주제로 연결된 읽기 전·중·후 활동으로 통합적 사고력을 키웁니다.

2
갈래 글 읽기부터 사고력 글쓰기까지

• 읽기 역량에 맞는 문학과 비문학의 여러 갈래 글을 꼼꼼하게 읽으며 독해력을 키웁니다.

• 읽은 글을 바탕으로 자신의 생각을 정리하며 사고력을 키웁니다.

• 자신의 생각을 문장으로 표현하고, 글을 완성하며 논술력을 키웁니다.

3
어휘, 문법, 글쓰기까지 한 번에 국어 공부 완성

• 독서 논술로 공부한 내용을 반복, 확장하여 국어 공부에 바탕이 되는 어휘를 익힙니다.

• 글과 문장 구조를 바르게 알기 위해 문법의 기초를 공부합니다.

• 갈래 글 쓰는 방법을 단계에 따라 차근차근 연습합니다.

전체 커리큘럼

〈초등 메가 독서 논술〉은 예비 초등부터 초등 4학년까지 총 3단계, 12권으로 구성되어 있습니다. 2022 개정 교육과정을 반영한 교과 주제를 중심으로, 아이들의 읽기 역량을 고려하여 단계별로 다양한 갈래 글을 선정하고 난이도를 감안한 서술형·논술형 쓰기 활동을 제시하여 종합적인 국어 능력을 향상시킵니다.

	주제	주차	주차 제목	갈래	교과 단원
A1	학교와 친구	1	학교에서 무슨 일이 생길까?	동화	1-1 〈학교〉 두근두근, 학교가 궁금해요
		2	친구가 생겼어!	옛이야기	1-1 〈학교〉 어깨동무 내 동무 1-1 〈학교〉 짝꿍이 생겼어요
		3	모두를 위한 안전 수칙	기사	1-1 〈학교〉 안전을 확인해요 1-1 〈학교〉 안전하게 건너요
		4	한 뼘 자란 나를 만나요	편지 / 생활문	1-2 〈하루〉 내가 보낸 하루
	[글쓰기 비법] ·**어휘** 비슷한말 / 학교와 관련된 낱말 ·**문법** '무엇을'이 들어 있는 문장 ·**글쓰기** 일기				
A2	사계절의 모습	1	봄을 맞는 기쁨	동시	2-2 〈계절〉 사계절 친구들
		2	즐거운 여름 방학	동화	2-2 〈계절〉 내가 좋아하는 계절
		3	가을 풍경	동화	2-2 〈계절〉 잠자리 꽁꽁
		4	따뜻하게 겨울나기	설명문	2-2 〈계절〉 새로운 계절을 준비해요
	[글쓰기 비법] ·**어휘** 재미있는 말 / 계절과 관련된 낱말 ·**문법** '되다, 아니다'가 들어 있는 문장 ·**글쓰기** 동시				
A3	이웃과 직업	1	지키면 행복해요!	논설문	1-2 〈이야기〉 서로서로 지켜요
		2	다르면 좀 어때요?	동화	2-1 〈세계〉 가고 싶은 나라 2-1 〈세계〉 서로 존중해요
		3	뭐든 될 수 있어!	동화	2-1 〈마을〉 마을 사람들을 만나요 2-1 〈마을〉 직업을 체험해요
		4	만들고 사고 쓰고	설명문	2-2 〈물건〉 종이로 놀아요 2-2 〈물건〉 자세하게 알고 싶어요
	[글쓰기 비법] ·**어휘** 반대말 / 직업과 관련된 낱말 ·**문법** 꾸며 주는 말이 들어 있는 문장 ·**글쓰기** 편지				
A4	자랑스러운 우리나라	1	우리나라가 궁금해	설명문	1-1 〈우리나라〉 태극기가 펄럭 1-1 〈우리나라〉 무궁화가 활짝
		2	옛날에는 어떻게 놀았을까?	설명문	2-2 〈인물〉 전통을 이어 가려면
		3	세종대왕과 이순신	전기문	2-2 〈인물〉 위인을 찾아서 2-2 〈인물〉 세종대왕과 한글
		4	멀지만 가까운 북한	보고서	1-2 〈이야기〉 평화를 위한 약속
	[글쓰기 비법] ·**어휘** 소리는 같지만 뜻이 다른 낱말 / 우리나라와 관련된 낱말 ·**문법** 문장 부호의 뜻과 쓰임 ·**글쓰기** 독서 감상문				

P단계 · B단계

	주제	주차	주차 제목	갈래	교과 단원
P1	나와 가족	1	소중한 나, 멋진 나	옛이야기	2-1 <나> 나는 누굴까 2-1 <나> 멋진 나
		2	우리 가족이 좋아	동시	1-1 <사람들> 우리 가족
		3	여러 집을 구경해요	설명문	2-1 <세계> 다른 나라 집 구경 2-1 <세계> 뚝딱뚝딱 다른 나라 집
		4	[똑똑한 글쓰기] • 어휘 가족이나 집과 관련된 낱말 / 모양이나 색깔을 나타내는 낱말 • 문법 '무엇이 무엇이다'의 짜임으로 된 문장 • 글쓰기 자기소개 글		
P2	건강과 안전	1	깨끗한 내가 되어요	동화	2-1 <나> 깨끗한 몸, 건강한 나
		2	건강하게 먹어요	동화	2-1 <나> 바르게 알고 먹어요
		3	나를 지켜요	설명문	2-1 <나> 내 몸을 스스로 지켜요
		4	[똑똑한 글쓰기] • 어휘 건강이나 안전과 관련된 낱말 / 맛과 냄새를 나타내는 낱말 • 문법 '무엇이 어찌하다'의 짜임으로 된 문장 • 글쓰기 축하 카드		
P3	편리한 생활	1	무엇을 타고 갈까?	동화	2-1 <마을> 무엇을 타고 갈까
		2	컴퓨터를 바르게 써요	동화	2-2 <물건> 컴퓨터를 잘 다루고 싶어요
		3	주변에 어떤 도구가 있을까?	설명문	2-2 <물건> 비가 오는데 우산이 없어요 2-2 <물건> 어떤 발명품이 있을까요
		4	[똑똑한 글쓰기] • 어휘 탈것이나 도구와 관련된 낱말 / 촉감을 나타내는 낱말 • 문법 '무엇이 어떠하다'의 짜임으로 된 문장 • 글쓰기 초대장		
P4	동물과 자연환경	1	동물과 함께하면 행복해요	옛이야기	2-1 <자연> 땅 위 친구들 2-1 <자연> 함께하면 행복해
		2	사라지는 동물을 지켜요	설명문	1-2 <이야기> 동물들이 사라져요
		3	자연 속 친구들과 함께해요	편지	1-2 <약속> 수도꼭지를 잠그면 1-2 <약속> 지구가 뜨끈뜨끈 2-1 <자연> 땅속이 꿈틀꿈틀
		4	[똑똑한 글쓰기] • 어휘 동물이나 자연환경과 관련된 낱말 / 움직임을 나타내는 낱말 • 문법 '어떻게 어찌하다'의 짜임으로 된 문장 • 글쓰기 안내하는 글		
B1	우리 고장의 생활	1	지도에서 찾아요	설명문	3-1 <사회> 우리가 사는 곳 4-1 <사회> 지도로 만나는 우리 지역
		2	우리 고장으로 놀러 와요	동화	4-2 <사회> 지역문제를 해결하고 지역을 알리는 노력
		3	우리 고장의 소식	기사 / 설명문	3-2 <사회> 옛날과 오늘날의 생활 모습
		4	살고 싶은 도시 이야기	설명문	4-2 <사회> 다양한 환경과 삶의 모습
			[글쓰기 비법] • 어휘 높임말 / 지도와 관련된 낱말 • 문법 이어 주는 말이 들어 있는 문장 / 글자와 소리가 다른 말 • 글쓰기 문단 / 설명문		
B2	동물과 식물의 세계	1	동물과 식물의 생활	설명문	3-1 <과학> 동물의 생활 / 식물의 생활
		2	동물의 한살이	관찰 기록문	3-1 <과학> 생물의 한살이
		3	신기한 식물 이야기	동화	3-1 <과학> 식물의 생활
		4	곰과 호랑이 이야기	신화	5-2 <사회> 선사 시대와 고조선의 생활
			[글쓰기 비법] • 어휘 준말과 본말 / 식물과 관련된 낱말 • 문법 문장의 종류 / 글자와 소리가 다른 말 • 글쓰기 논설문		
B3	함께하는 민주적 공동체	1	더불어 사는 이웃	동화	3-2 <사회> 사회 변화와 우리 생활
		2	공중도덕을 지켜요	설명문	4-1 <도덕> 사회·공동체와의 관계
		3	선거와 민주주의	연설문	4-1 <사회> 민주주의와 자치
		4	있는 그대로 바라보아요	논설문	4-1 <사회> 사회 변화와 우리 생활
			[글쓰기 비법] • 어휘 뜻이 여럿인 낱말 / 민주주의와 관련된 낱말 • 문법 낱말의 짜임 / 글자와 소리가 다른 말 • 글쓰기 부탁하는 글		
B4	변화하는 지구	1	세상은 어떻게 생겨났을까?	신화	4-2 <과학> 밤하늘 관찰
		2	강의 여러 가지 모습	보고서	4-1 <과학> 땅의 변화
		3	우르릉 쾅쾅, 지진과 화산	설명문	4-1 <과학> 땅의 변화
		4	생명을 존중해요!	전기문	4-2 <과학> 생물과 환경
			[글쓰기 비법] • 어휘 고유어, 한자어, 외래어 / 지구와 관련된 낱말 • 문법 낱말의 종류 / 글자와 소리가 다른 말 • 글쓰기 관찰 기록문		

이 책의 구성

독서 논술
읽기 전 ▶ 주제 읽기 ▶ 읽은 후
3단계 5일 학습

읽기 전

글을 읽기 전에 자신이 알고 있는 것을 떠올리며
독서를 준비하는 단계입니다.

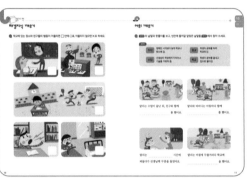

- **생각 깨우기** 글과 관련된 질문과 그림을 보며 글을 읽기 전 생각을 깨웁니다.
- **배경지식 깨우기** 글의 갈래, 교과 주제, 제목 등과 관련된 배경지식을 알아봅니다.
- **어휘 깨우기** 글과 밀접한 제재, 주제, 개념뿐만 아니라 중요 어휘를 알아봅니다.

주제 읽기

글의 흐름과 내용을 파악하며 글을 읽습니다.
이때 글의 중심 내용을 생각하며 읽으면 좋습니다.

- **질문 톡** 글 아래에 있는 질문에 답하며 글자가 아니라
  글의 내용을 읽는 습관을 기릅니다.
- **내용 확인** 간단한 독해 문제로 글을 꼼꼼하게 읽었는지 확인합니다.

글을 다 읽은 뒤 여러 활동을 통해 내용을 정확히 이해하고, 자신의 생각을 정리합니다.

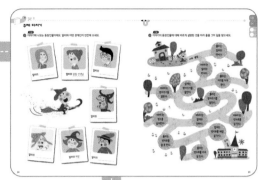

- **주제 다지기** 글을 사실적으로 이해하는 독해 활동을 합니다.
- **생각 글쓰기** 읽은 글을 바탕으로 자신의 생각을 창의적으로 표현합니다.

글쓰기 비법

어휘 ▶ 문법 ▶ 글쓰기
3단계 학습

어휘

글의 주제 및 제재와 관련된 어휘와 함께
초등학교 필수 어휘까지 확장하여 배웁니다.

문법

학교에서 배우는 기초 문법 요소를
글에 나오는 문장을 활용하여 배웁니다.

글쓰기

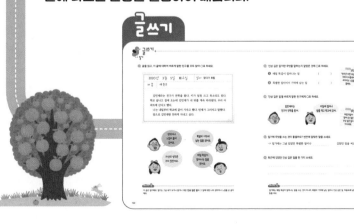

하나의 갈래 글을 쓰는 데
필요한 요소를 짚어 가며
글 쓰는 연습을 합니다.

1주

우리나라가
궁금해

📖 교과 연계   1-1 <우리나라> 태극기가 펄럭
                1-1 <우리나라> 무궁화가 활짝

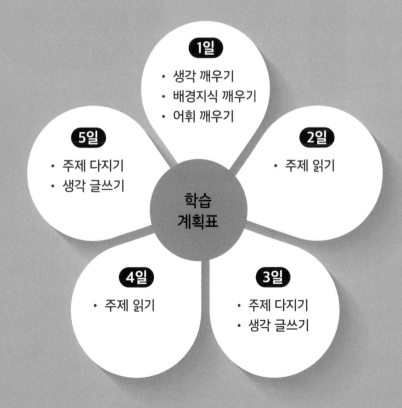

학습 계획표

1일
- 생각 깨우기
- 배경지식 깨우기
- 어휘 깨우기

2일
- 주제 읽기

3일
- 주제 다지기
- 생각 글쓰기

4일
- 주제 읽기

5일
- 주제 다지기
- 생각 글쓰기

생각 깨우기

💬 민기가 다른 나라 친구에게 우리나라를 소개하고 있어요. 우리나라를 나타내는 것을 모두
찾아 ○표 하세요.

💬 우리나라를 나타내는 꽃과 깃발인 무궁화와 태극기를 찾아 ○표 하세요.

배경지식 깨우기

💬 풍선 속 설명에 해당하는 우리나라의 자랑거리를 찾아 줄로 이으세요.

세종 대왕이
만든 우리나라
글자예요.

우리 선수가
국제 대회에서
금메달을 따면
나오는 노래예요.

예부터 전해 온
우리나라
무술에서 시작된
운동이에요.

절인 배추에
빨갛게 양념해
익힌 우리나라
음식이에요.

김치

한글(훈민정음)

태권도

애국가

어휘 깨우기

💬 보기 의 낱말과 뜻풀이를 보고, 빈칸에 들어갈 알맞은 낱말을 보기 에서 찾아 쓰세요.

보기

고이	정성을 다하는 것을 말해요.
무려	어떤 것의 수가 예상보다 훨씬 많을 때 쓰는 말이에요.
마구잡이	닥치는 대로 마구 하는 짓을 말해요.

블록을 _____ 로 쌓으면 무너지기가 쉬워요.

언니가 손수건을 _____ 접고 있어요.

축구 경기장에 _____ 만 명이 넘는 사람이 구경 왔어요.

끝없이 피어나는 무궁화

삼천리
우리나라 전체를 비유적으로 이르는 말. 한반도 북쪽 끝에서 남쪽 끝까지가 삼천리 정도 된다고 하여 생긴 말이다.

대한민국 하면 무엇이 떠오르나요? 무궁화가 떠오르지는 않나요? 우리나라를 나타내는 노래인 애국가에도 '무궁화 *삼천리 화려 강산'이라는 노랫말이 들어갈 만큼 무궁화는 우리나라를 대표해요.

우리 민족은 먼 옛날부터 무궁화를 '하늘 나라의 꽃'이라며 귀하게 여기고, 우리나라를 '무궁화의 나라'라고 부르기도 했어요. 무궁화는 자연스럽게 우리나라를 나타내는 나라꽃이 되었답니다.

날마다 새로운 꽃이 피는 무궁화

'무궁화'는 무슨 뜻일까요? 바로 '끝없이 피어나는 꽃'이라는 뜻이랍니다. 7월부터 10월까지 끝없이 꽃을 피워서 이런 이름이 붙었지요.

질문톡 무궁화는 언제 꽃을 피우나요?

☐ 3~5월　　　☐ 7~10월

한 그루의 무궁화나무에는 많은 꽃송이가 달려요. 한 그루에서 *무려 2000송이가 넘게 꽃을 피우기도 하지요. 하나의 꽃송이는 이른 아침에 피어서 저녁이 되면 시들어 떨어져요. 다음 날 아침에는 또 다른 꽃송이가 활짝 피어나고요. 이렇게 약 100일 동안 날마다 새로운 꽃이 피고 지고, 또 피어난답니다.

무려
어떤 것의 수가 예상보다 훨씬 많을 때 쓰는 말.

화려하면서 아름다운 무궁화

무궁화는 향기가 진하지는 않지만 화려하고 아름다워요. 무궁화는 배달, 적단심, 아사달, 백단심, 청단심 등 종류가 많아요.

무궁화의 생김새를 *이모저모 살펴볼까요? 무궁화의 꽃송이는 종 모양처럼 생겼어요. 꽃잎은 다섯으로 갈라져 있고, 꽃잎 아래쪽은 *한데 붙어 있어요. 꽃송이 색깔은 하얀색, 분홍색, 다홍색, 보라색, 자주색 등 여러 가지예요. 배달처럼 꽃송이 전체가 하얀색인 것도 있지만 대부분의 꽃송이는 아래쪽에 진한 색의 무늬가 있어요. 꽃이 질 때는 꽃잎이 도르르 말려서 꽃송이 전체가 땅에 똑 떨어진답니다.

이모저모
사물의 이런 면 저런 면.

한데
한곳이나 한군데.

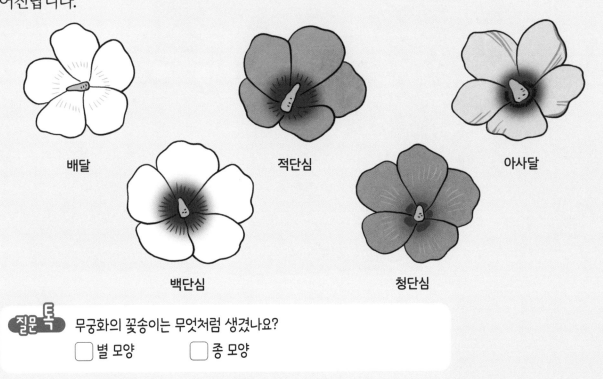

배달　　　　적단심　　　　아사달

백단심　　　　청단심

질문 톡 무궁화의 꽃송이는 무엇처럼 생겼나요?
　　　☐ 별 모양　　　☐ 종 모양

우리 민족과 함께해 온 무궁화

마구잡이
닥치는 대로 마구 하는 짓.

다짐하다
마음이나 뜻을 굳게 가다듬
어 정하다.

나라꽃인 무궁화가 *마구잡이로 뽑혀 나간 시절이 있었어요. 바로 일본에 우리나라를 빼앗겼을 때예요. 우리나라 사람들이 무궁화를 보면서 빼앗긴 나라를 다시 찾겠다고 *다짐한다는 것을 알고 일본이 무궁화를 없애려고 했거든요. 그러나 우리나라 사람들이 어려움을 이겨 내고 나라를 되찾은 것처럼 무궁화도 사라지지 않고 우리 곁에 살아남았지요.

무궁화는 오랫동안 우리 민족에게 기쁨을 주었을 뿐만 아니라 우리 민족과 어려움을 함께해 온 우리의 나라꽃이랍니다.

질문 톡 예전에 우리나라의 무궁화를 마구잡이로 뽑은 나라는 어디인가요?
☐ 일본   ☐ 중국

내용 확인

1 무궁화의 뜻으로 알맞은 것에 ○표 하세요.

| 끝없이 피어나는 꽃 | 진한 향기를 지닌 꽃 |

2 이 글의 내용과 맞으면 ○표, 틀리면 ✕표 하세요.

무궁화나무 한 그루에 2000송이가 넘는 꽃이 달리기도 해요.

무궁화는 꽃송이의 색깔도 종류도 적은 편이에요.

무궁화꽃이 질 때는 꽃송이 전체가 똑 떨어져요.

한때 무궁화가 마구잡이로 뽑혀 나간 시절이 있었어요.

3 일본에 우리나라를 빼앗겼을 때 일본은 왜 무궁화를 없애려고 했나요? 다음 중 알맞은 이유를 고르세요. ( )

① 일본 사람들 눈에는 무궁화가 예쁘지 않아서
② 무궁화보다 향기가 진한 다른 꽃을 심고 싶어서
③ 매일매일 떨어지는 무궁화꽃을 치우기가 너무 귀찮아서
④ 우리나라 사람들이 무궁화를 보며 나라를 다시 찾겠다고 다짐해서

주제 다지기

정보
무궁화에 대해서 바르게 쓰여 있는 푯말을 따라 줄을 그어 길을 찾으세요.

정리

💬 빈칸에 알맞은 말을 넣어 이야기를 정리하세요.

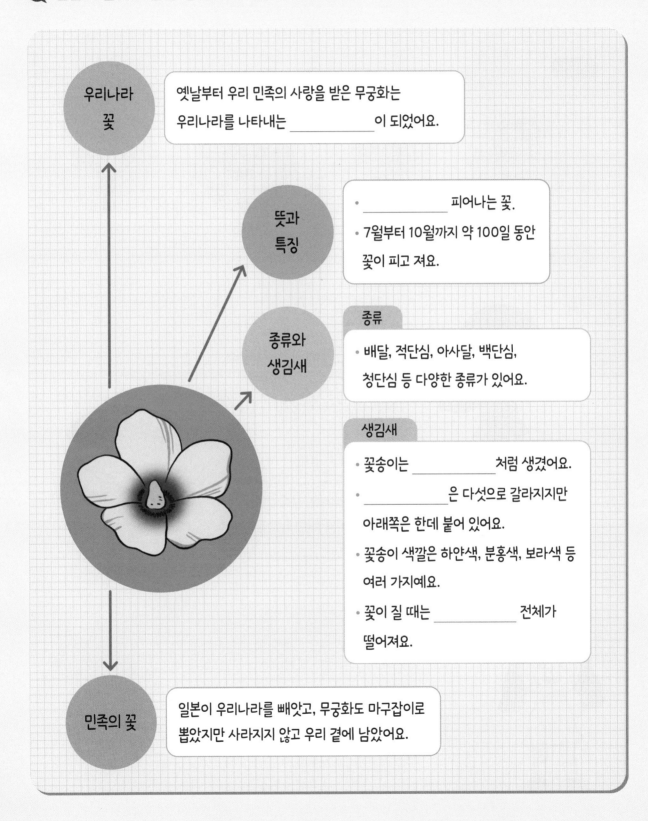

우리나라 꽃

옛날부터 우리 민족의 사랑을 받은 무궁화는 우리나라를 나타내는 _____이 되었어요.

뜻과 특징

• _____ 피어나는 꽃.
• 7월부터 10월까지 약 100일 동안 꽃이 피고 져요.

종류와 생김새

종류
• 배달, 적단심, 아사달, 백단심, 청단심 등 다양한 종류가 있어요.

생김새
• 꽃송이는 _____처럼 생겼어요.
• _____은 다섯으로 갈라지지만 아래쪽은 한데 붙어 있어요.
• 꽃송이 색깔은 하얀색, 분홍색, 보라색 등 여러 가지예요.
• 꽃이 질 때는 _____ 전체가 떨어져요.

민족의 꽃

일본이 우리나라를 빼앗고, 무궁화도 마구잡이로 뽑았지만 사라지지 않고 우리 곁에 남았어요.

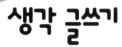

생각 글쓰기

💬 내가 나라꽃을 정한다면 어떤 꽃으로 하고 싶나요? 보기 에서 꽃을 고르고, 그 까닭을 빈 칸에 쓰세요.

보기

튤립　　　장미　　　해바라기　　　카네이션

나는 장미를 나라꽃으로 할래.
장미 향기가 좋거든.

나는 해바라기를
나라꽃으로 고를래.
해바라기는 태양처럼 빛나잖아.

💬 해마다 봄이 되면 곳곳에서 벚꽃 축제를 하지요. 그런데 왜 나라꽃인 무궁화 축제는 별로 없을까요? 내 생각은 어떤지 빈칸에 쓰세요.

무궁화꽃은 한여름에 피잖아. 여름은 너무 더워.

사람들이 무궁화보다 벚꽃을 더 좋아하나 봐.

_____

_____

_____

바람에 휘날리는 태극기

우리나라의 국기, 태극기

다른 나라에 자기 나라를 알릴 때 빠지지 않는 것이 있어요. 바로 국기예요. 국기는 나라의 깃발이라는 뜻이지요. 세계 모든 나라는 국기에 자기 나라의 역사나 꿈 등을 담아요.

우리나라 국기는 태극기예요. 깃발 가운데 빨간색과 파란색으로 된 태극 모양이 그려져 있어서 태극기라고 불러요. 태극 모양은 옛날부터 우리 민족이 즐겨 썼어요. 베개나 그릇, *궁궐과 *관청의 대문에도 커다란 태극 모양을 그려 넣곤 했지요.

궁궐
임금이 사는 집.

관청
나라의 일을 하는 기관이나 그 기관이 있는 곳.

질문 톡 궁궐의 대문에 그려 넣은 것은 무엇인가요?

☐ 태극 모양 ☐ 세모 모양

태극기는 우리나라의 얼굴이에요. 세계 여러 나라가 참여하는 행사나 운동 경기에서 우리나라를 나타내지요. 월드컵 축구 대회 같은 큰 경기에서 우리나라 선수들이 *등장할 때면, 태극기가 *앞장서요. 경기에서 우리나라 선수가 금메달을 따면 태극기가 경기장에 높이 걸리지요. 다른 나라와 운동 경기가 있는 날에도 태극기를 흔들면서 응원을 해요. 사람들이 너도나도 태극기를 들고 나와 너른 경기장이 태극기로 뒤덮인 모습은 정말 멋지답니다.

등장하다
어떤 사건이나 분야에서 새로운 제품이나 현상, 인물 등이 세상에 처음으로 나오다.

앞장서다
어떤 일을 하는 때에 가장 먼저 나서다.

질문톡 태극기는 우리나라의 무엇이라고 했나요?

☐ 얼굴　　☐ 심장

많은 뜻이 담긴 태극기

태극기의 바탕은 밝고 깨끗한 흰색이에요. 흰색 바탕은 평화를 사랑하는 우리나라 사람들의 마음을 나타내요. 한가운데 있는 태극은 세상 모든 것이 함께 *어우러져 있다는 뜻이고요.

태극 둘레에는 '괘'라고 부르는 막대 무늬가 있어요. 괘의 이름은 각각 '건', '곤', '감', '이'예요. 네 괘를 통틀어 '4괘'라고 한답니다. 태극을 둘러싼 4괘는 세상이 바뀌고 발전하는 모습을 나타낸 거예요. 4괘 가운데 건은 하늘, 곤은 땅, 감은 물, 이는 불을 뜻하고요.

어우러지다
여럿이 조화되어 한 덩어리나 한판을 크게 이루다.

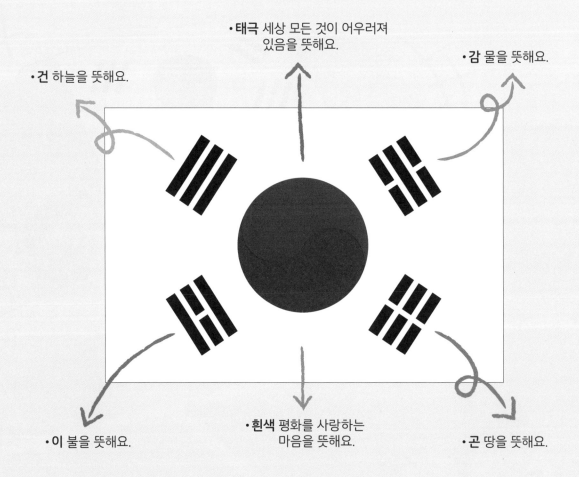

•**태극** 세상 모든 것이 어우러져 있음을 뜻해요.

•**감** 물을 뜻해요.

•**건** 하늘을 뜻해요.

•**이** 불을 뜻해요.

•**흰색** 평화를 사랑하는 마음을 뜻해요.

•**곤** 땅을 뜻해요.

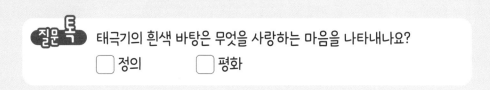

질문톡 태극기의 흰색 바탕은 무엇을 사랑하는 마음을 나타내나요?

☐ 정의   ☐ 평화

태극기 다는 날

태극기를 달아야 하는 날은 정해져 있어요. 우리나라 사람이라면 꼭 기억해야 할 날이지요.

빼앗긴 나라를 되찾으려고 만세 운동을 벌인 삼일절(3월 1일), *헌법을 만들어 정한 제헌절(7월 17일), 일본에 빼앗긴 나라를 되찾은 광복절(8월 15일), 우리나라 군대의 발전을 기념하는 국군의 날(10월 1일), 단군왕검이 우리 땅에 처음 나라를 세운 것을 기념하는 개천절(10월 3일), 세종 대왕이 한글을 만든 것을 기념하는 한글날(10월 9일)에 태극기를 내걸어요. 또 나라를 지키려고 목숨을 바친 사람을 잊지 말자는 현충일(6월 6일)처럼 슬픈 날에도 태극기를 달지요.

헌법
나라를 운영하는 기초 원칙이자 여러 가지 법 중에서 가장 기본이 되는 법.

질문 톡 단군왕검이 우리 땅에 처음 나라를 세운 것을 기념하는 날은 언제인가요?

☐ 개천절　　　☐ 제헌절

태극기 바르게 달기

태극기는 다는 법이 정해져 있어요. 태극기의 위와 아래, 왼쪽과 오른쪽이 바뀌지 않아야 해요. 태극기는 태극의 빨간색이 위, 파란색이 아래로 가도록 달아야 해요.

태극기를 밖에다 달 때는 무궁화 꽃봉오리처럼 생긴 *깃봉이 달린 깃대에 달아요. 깃대에 태극기를 달 때는 기쁜 날과 슬픈 날에 따라 다는 방법이 달라요. 광복절, 한글날처럼 기쁜 날에는 깃봉에 닿을 만큼 태극기를 높이 달아요. 현충일처럼 슬픈 날에는 깃봉에서 태극기의 폭만큼 내려 달지요.

눈이나 비가 오는 날에는 태극기를 달지 않아요. 태극기가 더러워지지 않도록 조심하고, 만약 때가 묻으면 깨끗하게 빨아서 써요. 태극기를 달지 않을 때는 *고이 접어서 잘 *간직해 두어야 한답니다.

깃봉
깃대 끝에 만든 꽃봉오리 모양의 꾸밈새.

고이
정성을 다하는 것.
간직하다
물건 등을 어떤 장소에 잘 보호하거나 보관하다.

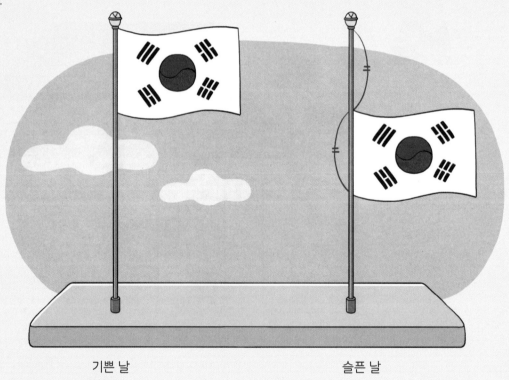

기쁜 날   슬픈 날

질문톡 태극기를 달 때, 태극의 빨간색은 어디에 가도록 달아야 하나요?
☐ 위   ☐ 아래

내용 확인

1 태극기는 우리나라의 국기입니다. 국기가 무엇인지 이 글에서 찾아 쓰세요.

□□ 의 □□

2 태극기에 그려진 괘가 나타내는 뜻으로 알맞은 것을 찾아 줄로 이으세요.

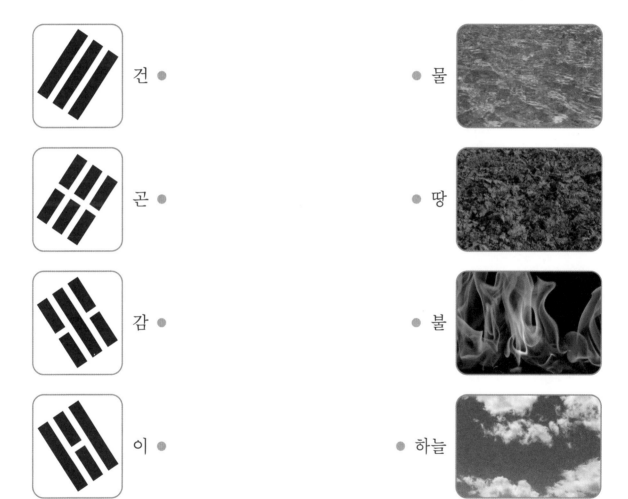

건 •

곤 •

감 •

이 •

• 물

• 땅

• 불

• 하늘

3 태극기를 다는 날로 알맞은 것을 모두 고르세요. ( )

① 석가 탄신일 　　② 광복절 　　③ 크리스마스 　　④ 현충일

주제 다지기

주제

💬 이 글에 대해 바르게 말한 친구를 모두 찾아 ○표 하세요.

이 글에서 가장 중요한 말은 태극기야.

태극기에 대해서 자세하게 알려 주는 글이야.

국경일에는 태극기를 꼭 달자고 주장하는 글이야.

이 글에서 가장 중요한 말은 한글날이야.

정보

💬 이 글의 내용과 맞는 것을 모두 찾아 ☐ 안에 색칠하세요.

태극기의 바탕은 흰색이고, 한가운데 있는 태극 모양 둘레에는 4괘가 그려져 있어요. ☐

태극기의 흰색 바탕은 전쟁을 좋아하는 우리나라 사람들의 마음을 나타낸 거예요. ☐

광복절과 한글날에 태극기를 달 때는 깃봉에서 태극기 폭만큼 아래로 내려 달아요. ☐

정리

💬 빈칸에 알맞은 말을 넣어 이 글을 정리하세요.

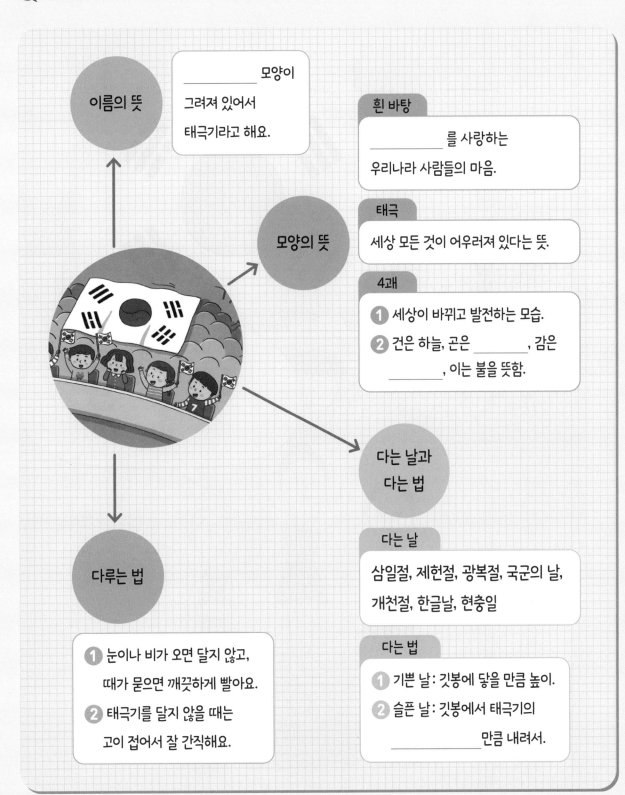

이름의 뜻

_____ 모양이 그려져 있어서 태극기라고 해요.

모양의 뜻

흰 바탕
_____ 를 사랑하는 우리나라 사람들의 마음.

태극
세상 모든 것이 어우러져 있다는 뜻.

4괘
1 세상이 바뀌고 발전하는 모습.
2 건은 하늘, 곤은 _____, 감은 _____, 이는 불을 뜻함.

다는 날과 다는 법

다는 날
삼일절, 제헌절, 광복절, 국군의 날, 개천절, 한글날, 현충일

다는 법
1 기쁜 날: 깃봉에 닿을 만큼 높이.
2 슬픈 날: 깃봉에서 태극기의 _____ 만큼 내려서.

다루는 법

1 눈이나 비가 오면 달지 않고, 때가 묻으면 깨끗하게 빨아요.
2 태극기를 달지 않을 때는 고이 접어서 잘 간직해요.

27

생각 글쓰기

💬 세계 대회에 나가 금메달을 딴 뒤, 태극기가 올라가는 모습을 보면 어떤 마음이 들지 상상해서 쓰세요.

💬 세계 여러 나라의 국기가 모여 자기 나라를 자랑하고 있어요. 내가 태극기라면 우리나라를 어떻게 자랑할지 쓰세요.

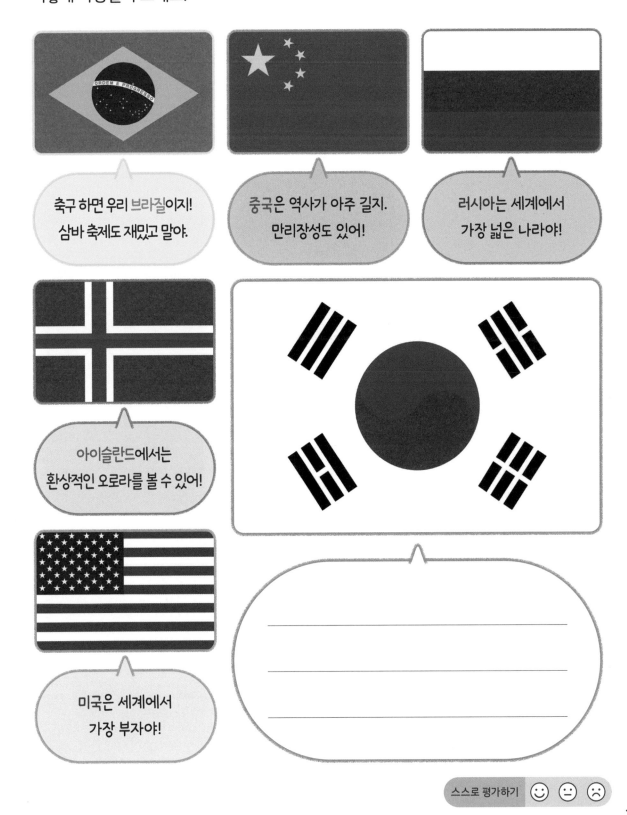

축구 하면 우리 브라질이지! 삼바 축제도 재밌고 말야.

중국은 역사가 아주 길지. 만리장성도 있어!

러시아는 세계에서 가장 넓은 나라야!

아이슬란드에서는 환상적인 오로라를 볼 수 있어!

미국은 세계에서 가장 부자야!

스스로 평가하기 ☺ ☺ ☹

2주

갈래 설명문

제목 · 옛 그림 속 신나는 전통 놀이

옛날에는 어떻게 놀았을까?

📖 **교과 연계**   2-2 <인물> 전통을 이어 가려면

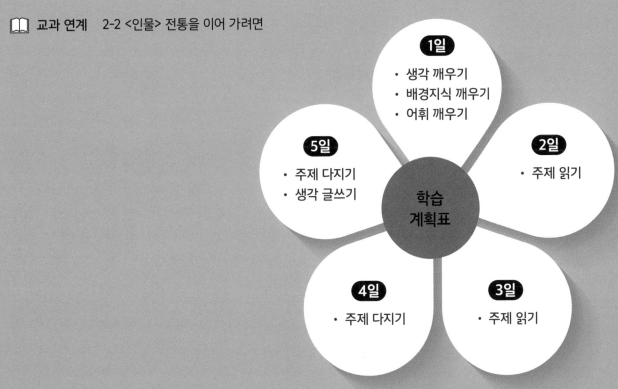

학습 계획표

1일
- 생각 깨우기
- 배경지식 깨우기
- 어휘 깨우기

2일
- 주제 읽기

3일
- 주제 읽기

4일
- 주제 다지기

5일
- 주제 다지기
- 생각 글쓰기

생각 깨우기

💬 친구들이 놀이를 하고 있어요. 우리나라의 전통 놀이를 모두 찾아 ○표 하세요.

배경지식 깨우기

 전통 놀이를 할 때 쓰는 놀이 도구예요. 무슨 놀이를 할 때 쓰는 도구인지 사다리를 따라 줄을 그어 알아보세요.

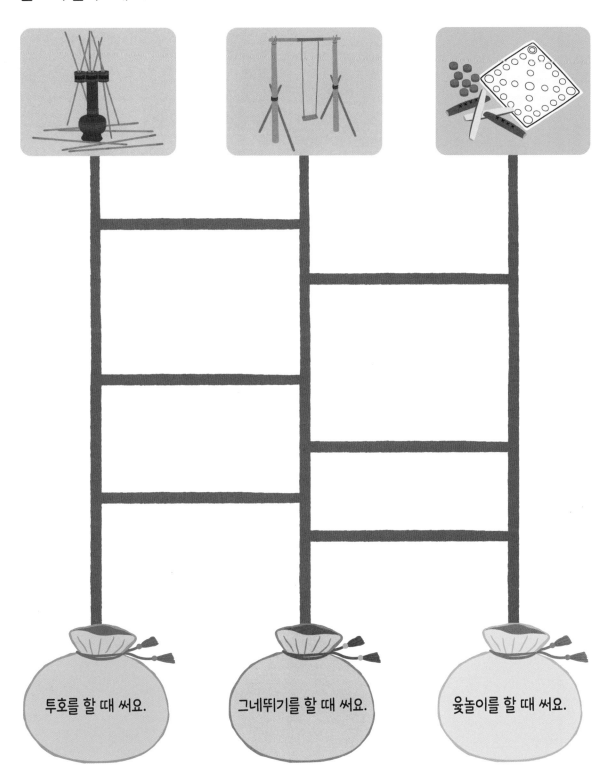

투호를 할 때 써요.

그네뛰기를 할 때 써요.

윷놀이를 할 때 써요.

배경지식 깨우기

💬 옛날에 우리 조상이 쓰던 물건을 찾아 ○ 안을 색칠하세요.

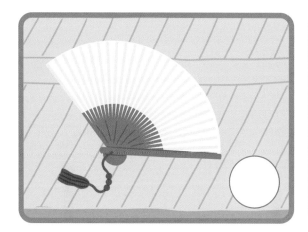

어휘 깨우기

💬 낱말과 뜻풀이를 읽고, 알맞은 그림을 찾아 줄로 이으세요.

장사

몸집이 크고 힘이
아주 센 사람을 말해요.

선비

공부하는 사람을
예스럽게 부르는 말이에요.

관리

나랏일을 맡아보는
사람을 말해요.

화가

그림을 그리는
사람을 말해요.

옛 그림 속 신나는 전통 놀이

장사
몸집이 크고 힘이 아주
센 사람.

가장 힘센 *장사를 뽑는 씨름

김홍도, <씨름>, 1700년대 후반, 국립중앙박물관

사람들이 *공터에 빙 둘러앉았어요. 씨름판이 벌어졌거든요. 그림 속에서 등이 보이는 씨름꾼이 *상대방을 들어 올려서 넘어뜨리려고 해요. 그와 맞붙은 씨름꾼은 넘어지지 않으려고 애를 쓰고요.

이 그림은 조선 시대 *화가인 김홍도가 그린 <씨름>이에요. 씨름은 두 사람이 서로의 샅바를 휘감아 쥐고 힘과 기술을 써서 상대방을 넘어뜨리는 놀이예요. 샅바는 허리와 허벅지에 두르는 긴 천을 말해요.

씨름은 아주 오랜 옛날부터 우리 조상들이 즐겨 했던 놀이예요. 추석이나 단오 같은 명절에는 씨름 대회를 열었어요. 씨름 대회에서 일등을 하면 사람들에게 장사라는 칭찬을 듣고, 황소 한 마리를 상으로 받았지요. 장사는 상으로 받은 황소를 타고 동네를 한 바퀴 돌며 뽐냈어요. 지금도 설이나 추석 무렵에는 씨름 대회를 열어 우리나라에서 가장 씨름을 잘하는 사람을 뽑아요.

공터
건물이나 밭 등이 없이 텅 비어 있는 땅.

상대방
어떤 일이나 말을 할 때 짝을 이루는 사람.

화가
그림을 그리는 사람.

질문톡 씨름을 할 때 허리와 허벅지에 두르는 긴 천은 무엇인가요?

⬜ 상투　　⬜ 샅바

윷을 던지며 노는 윷놀이

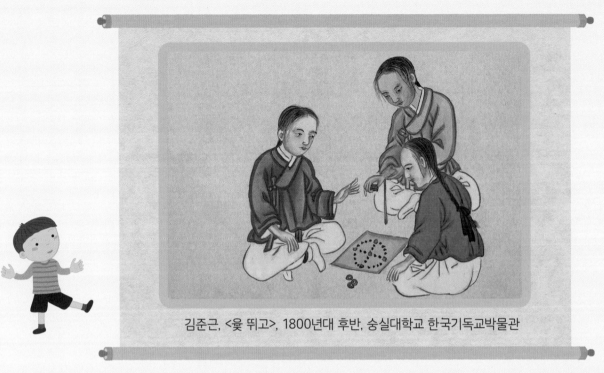

김준근, <윷 뛰고>, 1800년대 후반, 숭실대학교 한국기독교박물관

말
윷놀이와 같은 보드게임을 할 때 말판에서 정해진 규칙에 따라 옮기는 패.

젖히다
뒤로 기울게 하다.

남자아이 셋이 모여 앉아 윷놀이를 하고 있어요. 이 그림은 조선 시대 화가인 김준근이 그린 <윷 뛰고>예요. 바닥에 놓여 있는 종이가 윷판이에요. 여기에는 *말이 지나는 길이 그려져 있어요.

윷놀이는 윷 네 개를 던져 윷이 뒤로 *젖혀진 개수에 따라 윷판의 말을 옮기는 놀이예요. 윷이 젖혀진 개수에 따라 '도', '개', '걸', '윷', '모'라고 불러요. 윷판 위에 네 개의 말을 움직여 모든 말이 윷판을 먼저 돌아 나오는 쪽이 이기지요.

윷에는 막대 모양처럼 생긴 가락윷과 밤알처럼 생긴 밤윷이 있어요. 요즘은 가락윷을 많이 쓰지만 옛날에는 밤윷도 많이 썼어요. 윷놀이는 남자, 여자, 어른, 아이가 모두 즐기는 놀이로, 대개 설날부터 정월 대보름 사이에 많이 했어요.

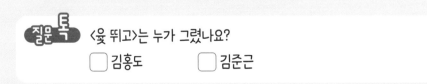

질문톡 <윷 뛰고>는 누가 그렸나요?

☐ 김홍도 　　☐ 김준근

내용 확인

1 보기 에서 설명하는 것이 무엇인지 이 글에서 찾아 쓰세요.

> **보기**
>
> 두 사람이 마주 서서 서로의 샅바를 잡고, 힘과 기술을 사용해서
> 상대방을 넘어뜨리는 놀이예요. 오랜 옛날부터 우리 조상들이 즐겨 했고,
> 지금도 설이나 추석 무렵에는 이 대회가 열려요.

☐☐

2 씨름놀이에 대한 설명으로 알맞은 것을 고르세요. ( )

① 일등을 하면 장사라는 칭찬을 듣고, 황소 한 마리를 받았어요.

② 두 사람이 힘과 기술을 겨루는 놀이에요.

③ 남자, 여자, 어른, 아이가 모두 즐기는 놀이에요.

④ 놀이를 하려면 윷과 윷판, 샅바가 필요해요.

3 요즘은 거의 쓰지 않지만 옛날에 많이 사용했던 밤윷을 골라 ○표 하세요.

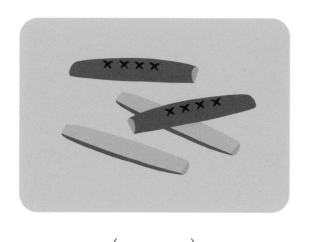

( )

( )

좁은 병 속에 화살을 던져 넣는 투호

김홍도, <투호>, 1700년대 후반, 국립중앙박물관

그림 속에서 빨간 화살을 든 *선비가 목이 기다란 병을 쳐다보고 있어요. 병 속에 화살을 넣으려고 하나 봐요.

이 그림은 김홍도가 그린 <투호>예요. 투호는 귀가 달린 병 속에 화살을 던져서 넣는 놀이지요. 투호를 할 때에는 두 편으로 갈라 한 편은 붉은 화살을, 다른 한 편은 푸른 화살을 가져요. 병에서 열 걸음쯤 떨어진 곳에서 병 속이나 병의 귀에 화살을 던져 더 많이 넣는 쪽이 이기지요. 병의 귀에 넣는 것보다는 병 속에 넣는 것이 점수가 더 높아요.

투호는 병 속에 화살을 넣기만 하면 되는 간단한 놀이예요. 하지만 병 속에 화살을 넣는 것이 쉽지는 않아요. 자세를 바르게 하고 정신을 하나로 모아야 하거든요. 그래서 *관리와 선비들도 몸과 마음을 다스리기 위해 투호를 자주 즐겼어요.

투호는 일 년 내내 언제라도 할 수 있어요. 무더운 여름날에도 시원한 그늘에서 즐길 수 있는 놀이랍니다.

선비
공부하는 사람을 예스럽게 부르는 말.

관리
나랏일을 맡아보는 사람.

질문톡 투호는 병 속에 무엇을 던져 넣는 놀이인가요?

☐ 화살　　☐ 돌멩이

공깃돌을 던지고 받는 공기놀이

윤덕희, <공기놀이>, 1700년대 중반, 국립중앙박물관

남자아이 두 명이 바닥에 철퍼덕 앉아서 공기놀이를 하고 있어요. 그 옆에는 바람개비를 든 아이가 서 있어요. 아이들은 모두 *공중에 떠 있는 두 개의 공깃돌을 쳐다보고 있네요.

이 그림은 조선 시대 화가인 윤덕희가 그린 <공기놀이>예요. 공기놀이는 *밤톨만 한 돌 여러 개를 땅바닥에 놓고, 그 돌을 집고 받으며 놀아요. 보통은 아이 둘이서 하지만 서너 명이 하기도 해요. 공깃돌은 동글동글하고 작은 돌을 주워 모으거나 돌을 *다듬어서 쓰기도 했어요. 지금은 대개 플라스틱으로 만든 공깃돌을 써요.

공기놀이는 추운 날이나 더운 날에도 할 수 있고, 어디서나 할 수 있어요. 지금도 아이들이 많이 즐기는 놀이인데, 남자아이들보다 여자아이들이 주로 하지요.

공중
하늘과 땅 사이의 빈 곳.

밤톨
밤알 하나하나.

다듬다
필요 없는 부분을 떼고 깎아 쓸모 있게 만들다.

질문톡 공기놀이는 무엇으로 하나요?
☐ 공깃돌　　☐ 바람개비

하늘 높이 나는 그네뛰기

김준근, 1800년대 후반, <단오에 산에 올라 추천하고>, 함부르크 민족학박물관

고운 옷을 입은 여자아이가 그네를 타고 있어요. 그네를 타고 하늘 높이 올라가면 마치 하늘을 나는 기분이 들 거예요.

이 그림은 김준근이 그린 <단오에 산에 올라 추천하고>예요. 추천은 그네의 한자어예요. 그네는 커다란 아름드리나무에 두 줄을 매고, 발을 올려놓을 *널빤지를 달아서 만들어요. 높은 기둥을 세워서 만들기도 해요. 보통 한 사람이 타지만, 두 사람이 서로 마주 보고 타기도 해요.

그네뛰기는 단오에 여자들이 즐기던 놀이예요. 옛날에 단오는 설날이나 추석만큼 큰 명절이었어요. 단오에는 쑥으로 떡을 해 먹고, *창포물에 머리를 감았어요. 남자들이 씨름을 하는 동안 여자들은 그네를 타며 놀았지요. 단오에는 그네를 타고 가장 높이 올라가는 사람을 뽑는 시합을 하기도 했어요.

널빤지
나무를 세로로 쪼갠 다음, 넓고 얇게 만든 판.

창포물
창포 잎과 뿌리를 우려낸 물.

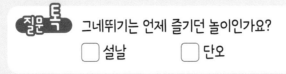 그네뛰기는 언제 즐기던 놀이인가요?

☐ 설날   ☐ 단오

44

내용 확인

1 보기 를 보고, 아래 그림에 나온 전통놀이가 무엇인지 적으세요.

보기

투호   공기놀이   그네뛰기

(   )   (   )   (   )

2 투호와 공기놀이의 비슷한 점으로 알맞은 것을 고르세요.   (   )

① 귀가 달린 병 속에 화살을 던져 넣는 놀이에요.

② 지금도 많이 하는데 여자아이들이 주로 해요.

③ 어른인 관리와 선비들도 많이 했어요.

④ 일 년 내내 언제라도 할 수 있어요.

3 빈칸에 들어갈 알맞은 말을 이 글에서 찾아 쓰세요.

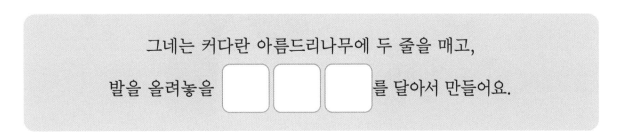

그네는 커다란 아름드리나무에 두 줄을 매고,

발을 올려놓을 □□□를 달아서 만들어요.

주제 다지기

갈래

💬 이 글에 대해 바르게 말한 친구를 찾아 ◯표 하세요.

정보
그림을 그린 화가의 이름을 보기 에서 찾아 ☐ 안에 쓰세요.

보기

김준근   김홍도   윤덕희

<공기놀이>

<윷 뛰고>

<투호>

<단오에 산에 올라 추천하고>

주제 다지기

정보

 전통 놀이에 대한 설명으로 알맞은 병풍을 찾아 ◯표 하세요.

윷놀이는 남자 어른만
하는 놀이예요.

윷놀이는 남자, 여자, 어른,
아이가 모두 하는 놀이예요.

씨름 대회에서 일등을 하면
염소를 받았어요.

씨름 대회에서 일등을 하면
황소를 받았어요.

그네뛰기는 단오에
여자들이 하던 놀이예요.

그네뛰기는 단오에
남자들이 하던 놀이예요.

공기놀이는 아무 때나
즐길 수 있는 놀이예요.

지금은 대개 남자 어른들이
공기놀이를 해요.

희수가 박물관을 찾아가려고 해요. 설명이 바르게 쓰여 있는 푯말을 따라 줄을 그어 길을 찾으세요.

주제 다지기

정보

💬 친구들이 이 글을 읽고 알게 된 것을 말하고 있어요. 빈칸에 알맞은 말을 보기 에서 찾아 쓰세요.

보기

단오   밤윷   투호

> 나는 이 글을 읽고, 윷에는
> 가락윷과 _____이 있다는 것을 알았어.

> 나는 이 글을 읽고, 그네뛰기는 _____에
> 여자들이 하던 놀이라는 것을 알았어.

> 나는 이 글을 읽고, _____가
> 관리와 선비도 즐기던 놀이라는 것을 알았어.

50

정리

... 빈칸에 알맞은 말을 넣어 이 글을 정리하세요.

① 단오에 _____들이
즐기던 놀이예요.

② 보통 한 사람이 타지만
두 사람이 타기도 해요.

_____
김준근, 〈단오에 산에
올라 추천하고〉

씨름
김홍도, 〈씨름〉

① 단오와 추석 때,
_____들이
즐기던 놀이예요.

② 옛날에 씨름 대회에서
일등을 하면 황소를 받았어요.

_____
김준근, 〈윷 뛰고〉

① 남자, 여자, 어른, 아이들이
모두 즐기던 놀이예요.

② _____부터
정월 대보름까지 많이 하던
놀이예요.

공기놀이
윤덕희, 〈공기놀이〉

① 아무 곳에서나
할 수 있는 놀이예요.

② 지금은 남자아이보다
_____들이
많이 해요.

투호
김홍도, 〈투호〉

① 일 년 내내 아무 때나
즐기던 놀이예요.

② 관리와 _____들도
자주 즐겼어요.

생각 글쓰기

💬 내가 하고 싶은 전통 놀이를 보기 에서 고르고, 인터넷에서 사진을 찾아 붙이세요. 그리고 그 전통 놀이에 대하여 조사한 것을 쓰세요.

보기

| 그네뛰기 | 널뛰기 | 씨름 | 투호 | 윷놀이 |

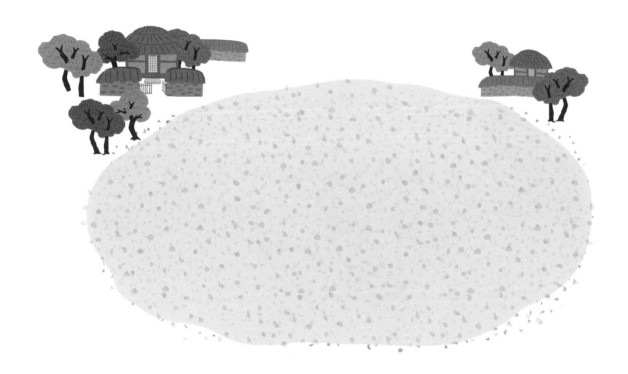

내가 하고 싶은 전통 놀이

널뛰기

조사한 내용

설날, 정월 대보름, 단오, 추석 때

여자들이 하는 놀이예요.

내가 하고 싶은 전통 놀이

조사한 내용

💬 설날에 여자아이들이 모여 널뛰기를 하고 있어요. 그림을 보고 널뛰기는 지금의 시소와 무엇이 다른지 쓰세요.

김준근, <설날 널뛰기>, 1800년대 후반

3주

갈래 전기문

제목
- 백성을 위해 한글을 만든 왕
- 외적의 침략을 막은 영웅

세종대왕과 이순신

📖 **교과 연계**   2-2 <인물> 위인을 찾아서
2-2 <인물> 세종대왕과 한글

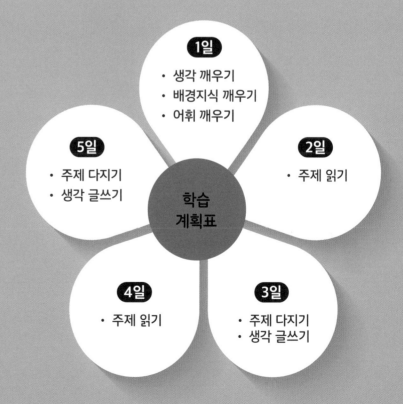

1일
- 생각 깨우기
- 배경지식 깨우기
- 어휘 깨우기

2일
- 주제 읽기

학습 계획표

3일
- 주제 다지기
- 생각 글쓰기

4일
- 주제 읽기

5일
- 주제 다지기
- 생각 글쓰기

생각 깨우기

💬 친구들이 우리나라에서 자랑하고 싶은 것을 이야기하고 있어요. 나는 무엇을 자랑하고 싶은지, 왜 그렇게 생각하는지 빈칸에 쓰세요.

배경지식 깨우기

💬 우리나라를 빛낸 위인의 이름을 보고, 그 위인이 나라를 위해 어떤 일을 했는지 알맞은 것을 찾아 줄로 이으세요.

전쟁에서 나라를 지킨 장군

미술에 뛰어난 예술가

백성을 보살핀 왕

이순신

김홍도

우리나라를 빛낸 위인

세종

장영실

이이

유관순

새로운 물건을 만든 과학자

독립운동에 앞장선 사람

학문을 발전시킨 학자

배경지식 깨우기

💬 한글과 거북선에 대한 설명이에요. 빈칸에 알맞은 낱말을 쓰세요.

한글은 세종이 만든 과학적인 글자야. 지금은 스물네 글자지만 처음에는 스물여덟 글자였어.

거북선은 임진왜란 때 이순신 장군의 명령으로 만들었어. 등에 송곳 같은 뾰족한 쇠를 꽂아 적이 쉽게 올라타지 못하게 했어.

한글은 _____이 만든 과학적인 글자야.

거북선은 _____ 장군의 명령으로 만들었어. 등에 뾰족한 _____를 꽂았대.

어휘 깨우기

💬 보기 의 낱말과 뜻풀이를 살펴보고, 빈칸에 알맞은 말을 보기 에서 찾아 쓰세요.

보기

| 지혜 | 노력 | 평민 | 훌륭한 | 적 |

위인
뛰어나고 _____ 사람.

영웅
_____ 와 재능이 뛰어나거나
매우 용맹하여 보통 사람이 하기 힘든 일을
해내는 사람.

백성
옛날에 양반이 아닌 _____ 을
이르던 말로 국민과 비슷함.

외적
나라 밖의 _____ .
보통 싸움 상대인 나라.

업적
어떤 일에 _____ 과
수고를 기울여 만든 결과.

*백성을 위해 한글을 만든 왕

백성
옛날에 양반이 아닌 평민을 이르던 말로 국민과 비슷함.

손꼽히다
많은 가운데 다섯 손가락 안에 들 만큼 뛰어나거나 그 수가 적다고 생각되다.

업적
어떤 일에 노력과 수고를 기울여 만든 결과.

총명하다
아주 영리하고 재주가 있다.

세종은 조선의 네 번째 왕이에요. 우리나라에서 가장 지혜로운 왕으로 *손꼽혀요.

위대한 *업적을 남긴 세종은 어릴 때부터 *총명하고 책 읽기를 좋아했어요. 책을 읽느라 밤을 새울 때가 한두 번이 아니었어요. 어떤 책이든 내용을 정확히 알 때까지 읽고 또 읽었지요.

아버지인 태종은 이런 세종이 왕이 되어야 한다고 생각했어요. 그래서 셋째 아들이었지만 세종을 세자로 삼고 왕의 자리를 물려주었지요. 세종은 그 뜻을 알기에 굳게 결심했어요.

'백성의 마음을 헤아리고 백성을 위해 일하는 왕이 되리라!'

 질문톡 세종이 어려서부터 좋아한 일은 무엇인가요?

☐ 운동　　☐ 책 읽기

학문을 사랑했던 세종은 좋은 정치를 하려면 우선 학문을 발전시키고 *인재를 길러야 한다고 생각했어요.

'옛날 사람들이 남긴 지식을 더 많이 *연구할 수 있으면 좋을 텐데, 시간도 부족하고 일할 사람도 부족하구나. 이를 어쩐다!'

세종은 궁리 끝에 함께 연구할 학자들을 모아 집현전을 만들었어요. 그러고는 학자들을 위해 많은 책을 내려 주었지요.

집현전 학자들은 세종의 명령을 받아 밤낮으로 연구에 힘썼어요. 그 덕분에 도덕, 역사, 지리, 농업 등 다양한 분야에서 수많은 책을 펴낼 수 있었지요.

인재
어떤 일을 할 수 있는 지식이나 능력을 갖춘 사람.

연구하다
어떤 일이나 사물에 대하여서 깊이 있게 조사하고 생각하여 진리를 따져 보다.

질문톡 세종은 좋은 정치를 위해 무엇이 필요하다고 생각했나요?

☐ 인재   ☐ 무기

세종은 재능 있는 인재를 고루 써서 과학 기술을 발전시켰어요. 누구라도 나라를 위해 일할 수 있어야 한다고 생각하고, 백성의 편안한 삶을 위해 기술을 발전시켜야 한다고 생각했기 때문이지요. 세종은 *신분의 높고 낮음과 관계없이 재주 있는 사람을 귀하게 대우했어요. 세종이 노비였던 장영실의 신분을 높여 주고, 벼슬까지 준 이야기는 아주 유명하지요.

이런 노력으로 세종 때에 수많은 과학 기기가 만들어졌어요. 천체를 관측하는 혼천의와 해시계인 앙부일구 등이 그것이지요. 특히 물시계인 자격루는 물의 흐름을 이용해 일정한 시간마다 종과 북, 징이 저절로 울리도록 한 자동 시계랍니다.

신분
한 사람의 사회적인 위치나 계급. 옛날에는 대개 부모가 자식에게 신분을 물려주었다.

질문톡 세종 때 만든 해시계의 이름은 무엇인가요?

☐ 앙부일구 ☐ 자격루

세종은 누구보다 백성을 걱정하고 사랑했어요. 늦은 밤에도 백성을 생각하느라 잠을 이루지 못했지요.

'백성이 모두 배불리 먹고 편히 살 방법은 없을까? 내가 부족하여 아직도 힘들게 사는 백성이 이리 많구나……'

세종은 자주 가난하고 힘없는 백성을 돕고, 노비라도 주인이 *함부로 죽이지 못하게 하고, 군사들을 늘 일찍 집으로 돌려보냈어요. 한글은 바로 백성을 생각하는 이런 마음에서 시작되었지요.

'백성이 삶의 지혜를 얻으려 해도 글을 모르니 방법이 없구나. 어려운 한자 대신 백성이 쉽게 배울 수 있는 글자가 필요하겠다.'

세종은 몰래 한글을 만들기 시작했어요. 양반들은 백성이 쉽게 배울 수 있는 글자를 반대할 거라고 생각했기 때문이지요. 자신들만 글자를 알고 삶의 지혜를 얻기 원해서 말이에요.

함부로
조심하거나 깊이 생각하지
아니하고 마음 내키는 대로
마구.

질문 톡 세종은 백성이 삶의 지혜를 얻을 수 있게 무엇을 만들기로 했나요?
☐ 학교　　☐ 글자

세종은 밤낮으로 새로운 글자를 연구했어요. 마침내 1446년에 한글의 바탕이 된 훈민정음을 발표했지요.

하지만 세종의 예상대로 많은 신하가 한글을 반대하고 나섰어요. 그런데도 세종은 물러서지 않았어요. 우리말의 소리를 그대로 옮길 수 있고, 백성들이 쉽게 배울 수 있는 글자가 꼭 필요하다고 생각했거든요.

훈민정음은 '백성을 가르치는 바른 소리'라는 뜻이에요. 백성들은 훈민정음 덕분에 *비로소 맘껏 읽고 쓸 수 있게 되었지요.

한글은 세계에서 가장 과학적인 글자로 인정을 받았어요. 세종은 *어진 왕일 뿐만 아니라 우리 민족이 대대로 쓰는 한글을 만든 *위인이에요.

비로소
어느 시점을 기준으로 그전까지 이루어지지 않았던 일이 이루어지거나 바뀌기 시작함을 나타내는 말.

어질다
마음이 너그럽고 착하며 슬기롭고 덕이 높다.

위인
뛰어나고 훌륭한 사람.

 질문톡 훈민정음은 백성을 가르치는 '어떤' 소리라는 뜻인가요?
☐ 쉬운　　　☐ 바른

내용 확인

1 이 글을 제대로 이해한 친구를 골라 ○표 하세요.

형 대신 왕이 되다니 세종은 욕심쟁이야.

세종은 백성을 깊이 사랑한 왕이야.

연구도 발명도 신하들이 했으니 세종은 대단하지 않아.

(   )   (   )   (   )

2 세종은 학문을 발전시키기 위해 학자들을 모아 학문 연구 기관을 만들었어요. 그것이 무엇인지 이 글에서 찾아 쓰세요.

3 세종이 한글을 만든 이유로 알맞은 것을 고르세요.   (   )

① 어릴 때 공부를 안 하는 바람에 한자를 몰라서

② 백성들이 쉽게 배울 수 있는 글자가 필요해서

③ 신하들이 한글을 만들자고 자꾸 이야기해서

④ 외국 사람은 알 수 없는 비밀 암호를 만들려고

주제 다지기

내용

💬 세종이 한 일을 바르게 쓴 것을 모두 찾아 세종과 줄로 이으세요.

백성의 편안한 삶을
위해 과학 기술을
발전시켰어요.

한자를 배우기
어려운 백성을 위해
한글을 만들었어요.

세종

장영실에게 한글을
연구하게 했어요.

신분이 낮은 사람만
골라 관리로 썼어요.

집현전의 젊은
학자들과 함께
학문을 연구했어요

신분을 따지지 않고,
인재를 두루 썼어요.

집현전을 없애고,
책을 불태웠어요.

학문을 발전시키고
책을 많이 펴냈어요.

노비보다 주인의
권리를 생각했어요.

정리

💬 빈칸에 알맞은 말을 넣어 이 글을 정리하세요.

시대 배경

_____ 시대

성품

총명하고
_____를
좋아했어요.

① 학문을 연구하는 학자를 모아,
_____을 만들었어요.
수많은 책을 펴내 _____을
발전시켰어요.

② 장영실처럼 신분이 낮지만
재주 있는 인재를 고루 썼어요.

업적

③ 천체를 관측하는 혼천의,
자동 물시계인 _____,
해시계인 _____를
만드는 등 과학 기술을 발전시켰어요.

본받을 점

① 세종은 _____을
사랑하고 걱정한 왕이에요.

② 세종은 우리 민족이 대대로
쓰는 _____을
만든 위인이에요.

④ 어려운 백성을 돕고, 백성에게 필요한
여러 제도를 만들었어요.

⑤ '백성을 가르치는 바른 소리'라는 뜻의
_____을 만들었어요.

생각 글쓰기

💬 세종의 업적 가운데 가장 자랑스럽다고 생각하는 것을 찾아 ◯표 하세요. 그런 다음 왜 그렇게 생각했는지 까닭을 쓰세요.

한글

앙부일구

측우기

자격루

왜냐하면 _____

_____

💬 친구가 한 말을 보고, 나는 세종에게 어떤 점을 본받고 싶은지 빈칸에 쓰세요.

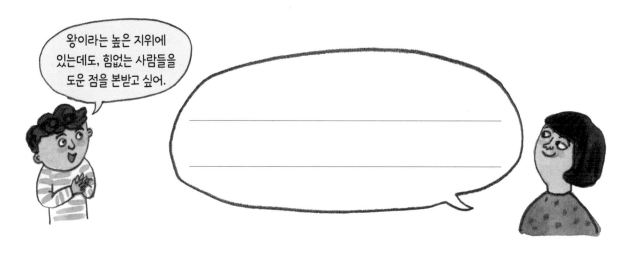

왕이라는 높은 지위에 있는데도, 힘없는 사람들을 도운 점을 본받고 싶어.

💬 세종이 훈민정음을 발표했을 때, 양반과 백성은 어떤 생각을 했을까요? 내가 양반이거나 백성이었다면, 어떤 생각을 했을지 빈칸에 쓰세요.

*외적의 침략을 막은 *영웅

외적
나라 밖의 적. 보통 싸움 상대인 나라.

영웅
지혜와 재능이 뛰어나거나 매우 용맹하여 보통 사람이 하기 힘든 일을 해내는 사람.

무예
무기 쓰기, 주먹질, 말달리기 등 무도에 관한 재주.

무과
고려와 조선 시대에, 무관을 뽑기 위해 치른 시험.

이순신은 1545년, 서울에서 양반 집안의 셋째 아들로 태어났어요. 이순신은 어려서부터 총명하고 활발했어요. 친구들과 전쟁놀이하는 걸 즐겼는데, 특히 활 솜씨가 뛰어났지요. 하지만 글공부도 게을리하지 않았어요.

뒤늦게 제대로 *무예를 배우기 시작한 이순신은 스무 살을 한참 넘긴 나이에 처음으로 *무과 시험을 보았어요. 그런데 무과 시험에서 이순신이 타고 달리던 말이 갑자기 넘어졌어요. 이순신도 쿵 하고 땅에 떨어졌지요.

'윽, 다리가 부러진 것 같군. 하지만 포기할 수는 없어.'

이순신은 아픔을 참고 끝까지 시험을 치렀지만 결과는 불합격이었어요.

질문 톡 이순신은 어려서부터 어디에 뛰어났나요?
☐ 활쏘기　　☐ 말타기

이순신은 계속 도전해서 마침내 무과 시험에 합격했어요. 무관이 된 이순신은 정직하게 일했고, 법을 엄격하게 지켰어요.

"가까운 사이라고 벼슬을 올려 주면 안 됩니다."

정직한 성격 때문에 이순신은 많은 사람으로부터 미움을 받았지만 한편으로는 여러 사람에게 *인품과 능력을 인정받았어요.

세월이 흘러 1591년, 마침내 이순신은 전라도의 *수군을 책임지는 중요한 자리에 올랐어요. 이순신은 강한 수군을 만들기 위해 꼼꼼하게 준비했어요.

'외적이 쳐들어올지 모르는데 준비가 너무 부족하군.'

이순신은 외적의 침입에 대비해 병사들을 강하게 *훈련시켰어요. 또 무기와 배의 수를 늘리면서 차근차근 전쟁 준비를 했어요. 부하 나대용을 시켜 강력한 새 무기인 거북선도 만들어 냈지요.

인품
사람이 사람으로서 가지는 품격이나 됨됨이.

수군
조선 시대에 바다에서 국방과 치안을 맡아보던 군대.

훈련
일정한 목표나 기준에 도달할 수 있도록 계속 가르쳐서 익히게 하는 일.

질문톡 1591년 이순신은 어느 지역의 수군을 책임지게 되었나요?

☐ 전라도   ☐ 경상도

1592년, 일본군이 부산을 침략하면서 임진왜란이 시작되었어요. 전쟁에 대비하지 못했던 조선은 곧 망할 위기에 빠졌지요. 조선 왕인 선조는 북쪽으로 도망갔고 육지를 지키는 조선군은 일본군의 상대가 안 됐어요. 수많은 백성이 목숨을 잃었지요.

하지만 바다에서만은 이순신이 계속 일본 수군을 무찔렀어요. 옥포 *해전에서부터 시작해, 처음 거북선을 이끌고 나간 사천 해전, *학익진으로 유명한 한산도 해전에 이르기까지 계속해서 큰 승리를 거두었어요. 이제 일본군은 거북선만 봐도 벌벌 떨었지요.

"윽, 거북선이다. 이순신이다. 도망가라!"

바다에서 이순신에게 지고, 육지에서도 조선군의 *저항이 커지자 일본군은 조선에서 슬쩍 물러나려 했어요. 하지만 전쟁이 완전히 끝난 것은 아니었지요.

해전
바다에서 벌이는 싸움.

학익진
학이 날개를 편 듯이 군사와 배를 배치하는 방법.

저항
어떤 힘이나 조건에 굽히지 않고 거역하거나 버티는 것.

 임진왜란에서 거북선이 처음 등장한 해전은 무엇인가요?

☐ 옥포 해전 ☐ 사천 해전

1597년, 일본이 다시 조선을 침략하며 정유재란이 시작되었어요. 이때 조선 수군은 원균이 이끌고 있었어요. 이순신이 왕인 선조의 *노여움을 사 관직에서 쫓겨났기 때문이지요. 그런데 원균은 일본군에게 크게 패해 대부분의 배를 잃었어요. 선조는 하는 수 없이 이순신에게 다시 조선 수군을 맡겼지요.

노여움
분하고 섭섭하여 화가 나는 감정.

이순신은 명량 해협에서 남은 배 13척으로 일본 배 130여 척과 싸워야 했어요.

"한 사람이 길목을 지키면 천 명이라도 두렵게 할 수 있다!"

이순신은 *지형과 *물살이 바뀌는 때를 이용해 일본군을 공격했어요. 수많은 일본 배가 물속에 가라앉았고 조선 수군이 크게 승리했지요.

지형
땅의 생긴 모양이나 형세.
물살
물이 흘러 내뻗는 힘.

"와! 이겼다!"

명량 해전에서 패배하면서 일본군은 싸울 힘을 잃었어요. 전쟁을 명령한 도요토미 히데요시가 죽자 일본으로 돌아가려고 했지요.

질문 톡 명량 해전에서 싸운 조선 수군의 배는 몇 척인가요?

◻ 130척 ◻ 13척

하지만 이순신은 일본군을 그대로 돌려보낼 생각이 없었어요.

"일본 배는 한 척도 돌려보내지 마라. 끝까지 무찔러라!"

이순신의 명령이 떨어지자 조선군은 노량 해협에서 일본 배를 쫓았어요. 일본군은 이순신이 탄 대장선을 향해 *총탄을 퍼부었지요.

"탕, 탕, 타당, 탕! 으윽!"

일본군이 쏜 총탄이 이순신의 가슴에 박혔어요. 이순신은 가슴을 움켜쥐고 부하에게 말했어요.

"지금은 전투 중이니, 내가 죽었다는 사실을 알리지 마라."

부하들은 승리를 위해 이순신의 명령을 따랐어요. 노량 해전에서 조선군은 크게 승리했어요. 병사들은 전투가 끝난 뒤에야 장군의 죽음을 알고 슬피 울었어요.

온 백성이 목숨을 바쳐 나라를 구한 이순신 장군을 *우러렀지요.

총탄
총을 쏘았을 때에 총구멍에서 나와 목표물을 맞히는 물건.

우러르다
마음속으로 공경하여 떠받들다.

 이순신이 목숨을 잃은 해전은 어느 해전인가요?

☐ 명량 해전　　☐ 노량 해전

74

내용 확인

1 이 글은 무엇에 관한 글인가요? 빈칸에 알맞은 말을 쓰세요.

일본이 조선에 쳐들어와 ☐☐ 을 일으켰을 때,

☐☐ 를 구한 위인 이순신의 삶과 업적을 소개한 글이에요.

2 이순신이 싸웠던 전쟁과 그 전쟁에서 한 일로 알맞은 것을 찾아 줄로 이으세요.

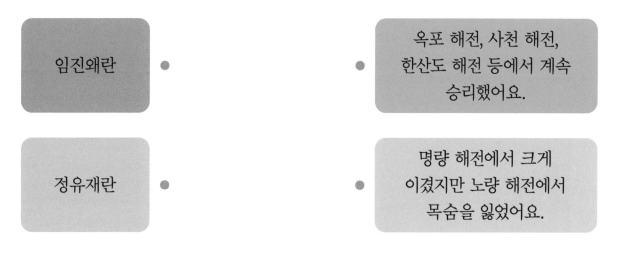

임진왜란 ●

● 옥포 해전, 사천 해전, 한산도 해전 등에서 계속 승리했어요.

정유재란 ●

● 명량 해전에서 크게 이겼지만 노량 해전에서 목숨을 잃었어요.

3 이순신이 일본과의 전투에서 계속 승리한 이유로 알맞은 것을 고르세요. ( )

① 전쟁에 대비해 차근차근 꼼꼼하게 준비해서

② 선조가 이순신을 적극적으로 도와줘서

③ 일본군보다 배와 군사가 훨씬 많아서

④ 도요토미 히데요시가 죽어서

주제 다지기

내용

💬 글의 내용이 바르게 쓰여 있는 배를 따라 줄을 그어 거북선까지 가는 길을 찾으세요.

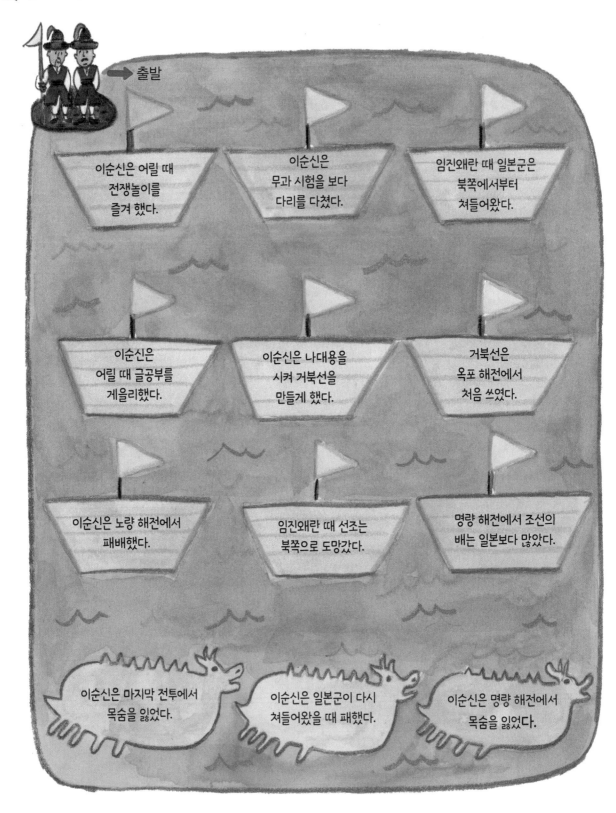

출발

이순신은 어릴 때 전쟁놀이를 즐겨 했다.

이순신은 무과 시험을 보다 다리를 다쳤다.

임진왜란 때 일본군은 북쪽에서부터 쳐들어왔다.

이순신은 어릴 때 글공부를 게을리했다.

이순신은 나대용을 시켜 거북선을 만들게 했다.

거북선은 옥포 해전에서 처음 쓰였다.

이순신은 노량 해전에서 패배했다.

임진왜란 때 선조는 북쪽으로 도망갔다.

명량 해전에서 조선의 배는 일본보다 많았다.

이순신은 마지막 전투에서 목숨을 잃었다.

이순신은 일본군이 다시 쳐들어왔을 때 패했다.

이순신은 명량 해전에서 목숨을 잃었다.

정리

💬 빈칸에 알맞은 말을 넣어 이야기를 정리하세요.

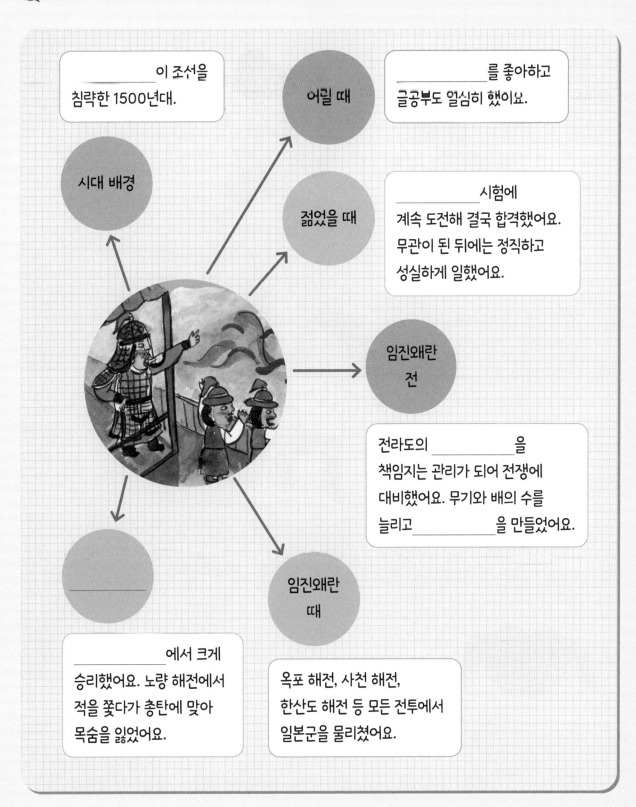

_____ 이 조선을
침략한 1500년대.

시대 배경

어릴 때

_____ 를 좋아하고
글공부도 열심히 했어요.

젊었을 때

_____ 시험에
계속 도전해 결국 합격했어요.
무관이 된 뒤에는 정직하고
성실하게 일했어요.

임진왜란
전

전라도의 _____ 을
책임지는 관리가 되어 전쟁에
대비했어요. 무기와 배의 수를
늘리고 _____ 을 만들었어요.

_____

임진왜란
때

_____ 에서 크게
승리했어요. 노량 해전에서
적을 쫓다가 총탄에 맞아
목숨을 잃었어요.

옥포 해전, 사천 해전,
한산도 해전 등 모든 전투에서
일본군을 물리쳤어요.

생각 글쓰기

💬 친구들이 이순신 장군에게서 본받을 점에 대해 이야기하고 있어요. 나는 어떤 점을 본받고 싶은지 생각나는 대로 쓰세요.

💬 이순신 장군에게 하고 싶은 말을 쓴 쪽지예요. 이순신 장군에게 전하고 싶은 말을 빈칸에 쓰세요.

이순신 장군님께
왕이 장군님의 마음을
몰라서 화났을 것 같아요.
나라면 전쟁에 다시
안 나갔을 것 같은데
왜 다시 나갔어요?
새봄이 드림.

장군님은 군인이었지만 글도 잘 써서,
《난중일기》랑 시를 남겼다고 들었어요.
그래서 저도 가수가 꿈이지만
공부도 열심히 하려고 해요.
똘이 드림.

장군님,
우리나라를 지켜 주셔서 고맙습니다!
하늘 나라에서도 맨날 우리나라를 보고 계시죠?
앞으로도 우리나라를 지켜 주세요.
송이 드림.

스스로 평가하기 ☺ 😐 ☹

4주

갈래 보고서

제목
- 북한 어린이 생활 탐구 보고서
- 경의선 평화 열차 체험 학습 보고서

멀지만 가까운 북한

📖 **교과 연계**   1-2 <이야기> 평화를 위한 약속

1일
• 생각 깨우기
• 배경지식 깨우기
• 어휘 깨우기

2일
• 주제 읽기

3일
• 주제 다지기
• 생각 글쓰기

4일
• 주제 읽기

5일
• 주제 다지기
• 생각 글쓰기

학습 계획표

생각 깨우기

💬 올림픽 대회에서 우리나라 선수를 이겼던 북한 선수가 금메달을 땄어요. 이때 든 생각이 나와 비슷한 친구를 모두 찾아 ○표 하세요.

배경지식 깨우기

💬 솔이는 북한에 대해 알려 주는 책을 찾아보고, 중요한 내용을 적어 놓았어요. 빈칸에 알맞은 낱말을 찾아 쓰세요.

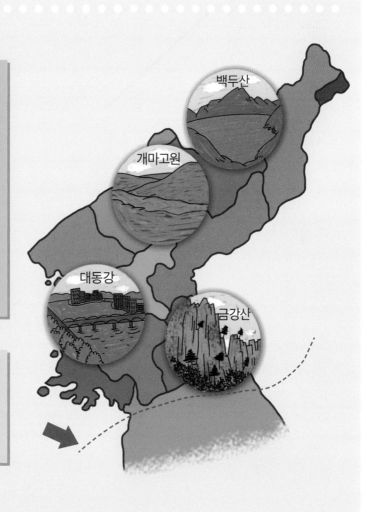

북한
(조선민주주의인민공화국)

· 수도: 평양
· 민족: 한민족
· 공용어: 한국어
· 글: 한글
· 자연환경: 산이 많음.
· 이름난 산: 백두산, 금강산
· 주요 농산물: 감자, 옥수수
· 대표 음식: 평양냉면, 만두

한반도에서 북한은 휴전선 북쪽에, 남한은 남쪽에 있어요. 휴전선은 한국 전쟁이 끝난 뒤 서로 넘지 않기로 정한 선이에요.

남한은 한반도 남쪽에 있고, 북한은 한반도 _____ 에 있어요.

북한과 남한 사람들은 모두 _____로 말하고, 한글을 써요.

북한에 있는 _____과 _____은 이름난 산이에요.

_____과 만두는 북한의 대표 음식이고요.

배경지식 깨우기

💬 보고서는 어떻게 쓸까요? 이유진 어린이가 쓴 보고서를 살펴보고, 빈칸에 알맞은 말을 찾아 줄로 이으세요.

쓴 날짜

쓴 사람

견학 장소

본 것, 한 것

견학 동기

느낀 점

알게 된 점

우리 떡 박물관

2020○년 5월 1일

이유진

집 앞에 새로 생긴 떡집에는 못 보던 떡이 많았다.
엄마가 우리 떡의 종류가 매우 다양하다고 말했다.
정말 그런지 궁금해서 우리 떡 박물관에 갔다.

1. 떡 전시관에서 여러 가지 떡 모형과 떡을 만드는
   도구들을 보았다. 모형 떡은 진짜 떡과 똑같았다.

2. 떡 만들기 체험관에서는 찹쌀가루를 반죽해
   여러 모양의 쫄깃쫄깃한 떡을 만들었다.
   그리고 떡을 맛있게 먹었다.

우리나라는 오래전부터 떡을 만들어 왔고,
떡의 종류가 100가지도 넘는다는 것을 알게 되었다.

떡을 직접 만들어 보니 재미있었다.
올 추석에는 나도 송편을 만들어야겠다.

어휘 깨우기

💬 보기 의 뜻풀이를 보고, 아래 글의 뜻이 통하도록 두 낱말 중에서 알맞은 것에 ○표 하세요.

보기

남한 한반도에서 휴전선 남쪽에 있는 우리나라, 대한민국을 가리키는 말.

북한 한반도에서 휴전선 북쪽에 있는 조선민주주의인민공화국을 가리키는 말.

분단 어떤 것을 동강이 나게 끊어서 가름.

평화 전쟁이나 싸움이 없는 상태.

통일 나누어진 나라를 하나로 합치는 것.

남한 / 북한 은 한반도의 북쪽에 있어.

우리나라의 정식 이름은 대한민국이지만
남한 / 북한 이라고도 불러.

우리나라는 남한과 북한으로 나뉘어 있는
분단 / 통일 국가야.

언젠가는 남한과 북한이 하나로
분단 / 통일 을 이룰 거야.

우리나라가 통일이 되어 한반도에
평화 / 분단 가 왔으면 좋겠어.

*북한 어린이 생활 *탐구 보고서

북한
한반도에서 휴전선 북쪽에 있는 조선민주주의인민공화국.

탐구
학문이나 진리 등을 깊이 파고들어 연구하는 일.

동기
어떤 일이나 행동을 일으키게 하는 결정적인 원인이나 기회.

남한
한반도에서 휴전선 남쪽에 있는 우리나라, 대한민국.

탐구한 사람 빛나 초등학교 1학년 김솔
탐구 주제 북한 어린이는 어떻게 지낼까?

탐구 *동기

지난 토요일 텔레비전에서 *남한과 북한 어린이가 만나는 프로그램을 보았다. 같이 한국어를 쓰고, 한글을 사용하는 모습을 보니 신기했다. 같은 민족인데도 북한에 대해 모르는 것이 참 많다는 생각이 들었다. 그래서 북한 어린이의 생활에 대해 알아보기로 했다.

 북한에서 주로 사용하는 말은 무엇인가요?
☐ 중국어　　　☐ 한국어

탐구를 통하여 알고 싶은 것

1. 북한 어린이는 학교에서 어떻게 지낼까?

2. 북한 어린이는 학교가 끝나면 무엇을 할까?

3. 북한 어린이는 어떤 음식을 먹을까?

4. 북한에도 어린이날이 있을까?

탐구 방법

1. 북한 어린이의 생활에 대한 책을 찾아본다.

2. 북한의 생활을 소개하는 텔레비전 프로그램을 본다.

3. 인터넷으로 북한 어린이의 생활에 대해 검색한다.

4. 탈북 어린이의 인터뷰를 찾아본다.

 탐구를 통해 알아보려는 대상은 누구인가요?

☐ 북한 어린이　　　☐ 북한 청소년

탐구 결과

1. 북한 어린이는 학교에서 어떻게 지낼까?

북한에도 우리나라처럼 초등학교가 있는데, 소학교라고 부른다. 북한 어린이는 등교할 때 친구들과 줄을 맞춰 선 뒤 노래를 부르며 학교까지 걸어간다. 수업이 끝나면 다시 무리 지어서 집으로 온다. 북한의 학교에도 여름 방학과 겨울 방학이 있다. 그리고 일 년에 두 번 소풍을 가는데, 이를 들모임이라고 부른다.

2. 북한 어린이는 학교가 끝나면 무엇을 할까?

북한에는 학원이 없다. 대신 *방과 후에는 학교에서 일을 하거나 농사일을 돕는다. 친구들과 놀 때는 숨바꼭질, 고무줄놀이, 술래잡기 등을 한다. 집에서는 텔레비전으로 만화 영화를 본다. 집집마다 컴퓨터가 있지 않으므로 컴퓨터 게임은 잘 하지 않는다.

방과
학교에서 그날 하루에 하도록 정해진 과정이 끝나거나 끝낸 것.

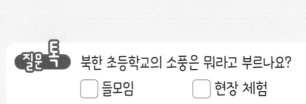

질문 톡 북한 초등학교의 소풍은 뭐라고 부르나요?

☐ 들모임   ☐ 현장 체험

88

3. 북한 어린이는 어떤 음식을 먹을까?

북한 어린이도 밥에 김치를 주로 먹는다. 하지만 북한은 *식량이 부족해서 쌀밥 대신 옥수수, 콩, 밀 따위가 섞인 잡곡밥을 먹는다. 외식을 할 때는 주로 냉면을 먹는다. 남한에서도 많이 먹는 평양냉면이다. 수도인 평양에 사는 어린이나 부잣집 어린이는 도넛, 카스텔라, 주스 등 다양한 간식을 먹는다. 하지만 대부분의 북한 어린이는 옥수수 알갱이를 구워 먹고, 만두를 먹는다.

식량
사람이 살아가기 위해 필요한 먹을거리.

4. 북한에도 어린이날이 있을까?

북한은 6월 1일 *국제 아동절을 어린이날처럼 지내지만, 남한처럼 *공휴일은 아니다. 국제 아동절에는 유치원과 학교에 모여 노래하고 춤추고, 체육 대회를 한다. 그러나 엄마, 아빠는 일하러 가서 자녀와 함께 있지 못한다.

국제
여러 나라와 관계되는 것.
공휴일
나라나 사회에서 정하여 다 함께 쉬는 날.

 질문톡 　북한 사람이 외식으로 주로 먹는 것은 무엇인가요?
☐ 카스텔라　　☐ 평양냉면

알게 된 점

1. 남한과 같은 점

학교를 다니며 공부를 한다. 방학과 소풍이 있다. 어린이날과 비슷한 국제 아동절이 있다.

2. 남한과 다른 점

단체 행사가 많다. 공부도 하고 일도 한다. 학원에 다니지 않는다. 식량이 부족해서 먹거리가 다양하지 않다.

느낀 점

남한과 북한은 하나의 민족이라는 생각이 들었다. 북한 친구에게 관심을 가져야 *통일이 되어도 *어색하지 않을 것 같다. 통일이 되면 북한 친구와 피자와 치킨, 구운 옥수수 알갱이를 먹고 싶다. 또 북한 친구와 함께 남한의 제주도에도 가고, 북한의 백두산과 금강산도 여행하며 여러 가지 이야기를 나누고 싶다.

통일
나누어진 나라를 하나로 합치는 것.

어색하다
잘 모르거나 아니면 별로 만나고 싶지 않았던 사람과 마주 대하여 자연스럽지 못하다.

질문톡 북한은 남한과 달리 무엇이 많다고 했나요?

☐ 단체 행사 　　☐ 먹거리

내용 확인

1 다음 중 솔이가 북한에 대해 탐구하게 된 동기로 알맞은 것을 골라 ◯표 하세요.

남한과 북한 어린이가 만나는
텔레비전 프로그램을 보고, 북한에
대해 모르는 것이 많다고 생각했어.

텔레비전에서 남한과 북한이 닮은
점이 거의 없다는 이야기를 듣고,
무엇이 다른지 알고 싶었어.

2 이 글을 읽고, 솔이의 탐구 보고서에서 볼 수 없는 것을 모두 찾아 ✕표 하세요.

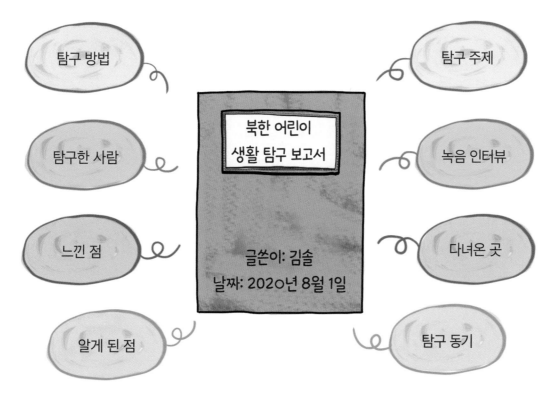

탐구 방법

탐구 주제

탐구한 사람

녹음 인터뷰

느낀 점

북한 어린이
생활 탐구 보고서

다녀온 곳

글쓴이: 김솔
날짜: 2020년 8월 1일

알게 된 점

탐구 동기

3 다음 중 북한 어린이와 관련된 것이 <u>아닌</u> 것을 고르세요.　　　　（　　　　）

① 일 년에 두 번 들모임이라는 소풍을 간다.

② 학교를 마치면 학원에 가서 공부를 한다.

③ 외식을 할 때는 주로 냉면을 먹는다.

④ 국제 아동절에 학교에 모여 체육 대회를 한다.

주제 다지기

💬 솔이가 도서관에 가려고 해요. 보고서의 내용이 바르게 쓰여 있는 푯말을 따라 줄을 그어 길을 찾으세요.

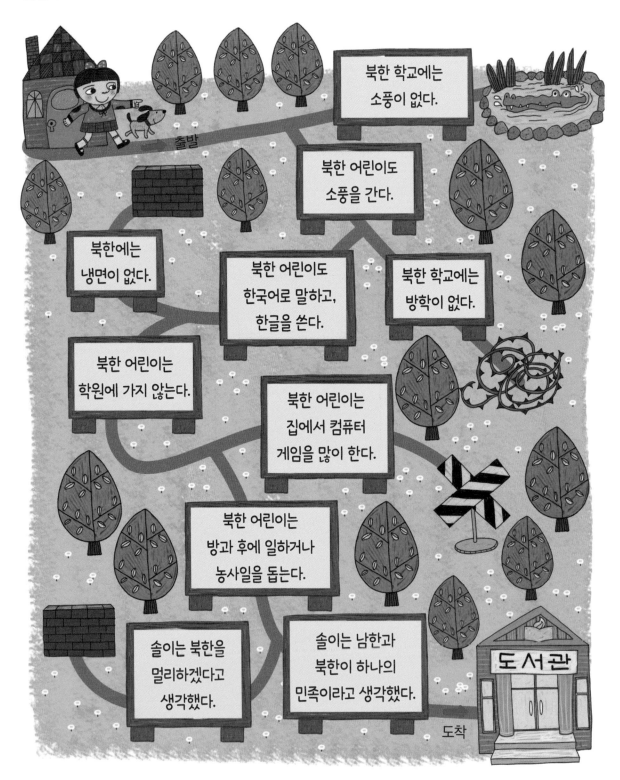

💬 빈칸에 알맞은 말을 넣어 이 글을 정리하세요.

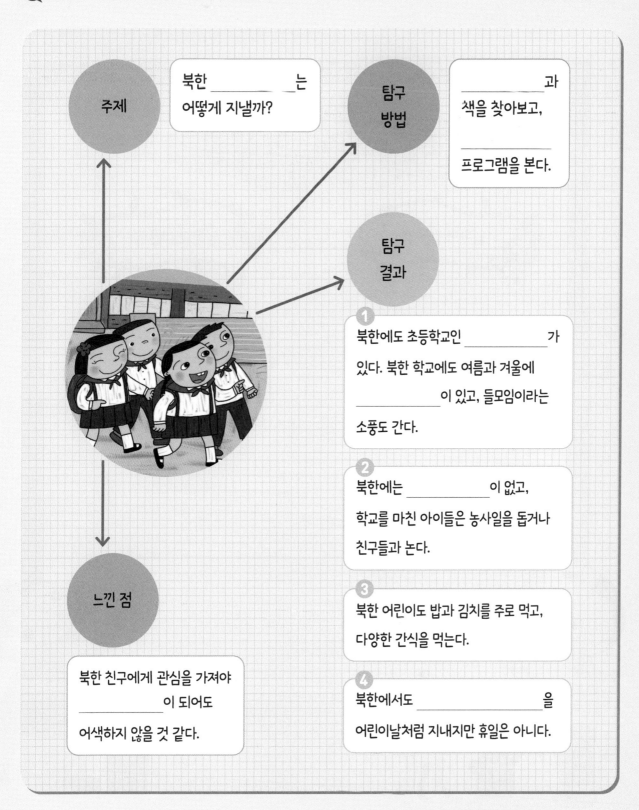

주제
북한 _____ 는 어떻게 지낼까?

탐구 방법
_____ 과 책을 찾아보고, _____ 프로그램을 본다.

탐구 결과

① 북한에도 초등학교인 _____ 가 있다. 북한 학교에도 여름과 겨울에 _____ 이 있고, 들모임이라는 소풍도 간다.

② 북한에는 _____ 이 없고, 학교를 마친 아이들은 농사일을 돕거나 친구들과 논다.

③ 북한 어린이도 밥과 김치를 주로 먹고, 다양한 간식을 먹는다.

④ 북한에서도 _____ 을 어린이날처럼 지내지만 휴일은 아니다.

느낀 점
북한 친구에게 관심을 가져야 _____ 이 되어도 어색하지 않을 것 같다.

생각 글쓰기

💬 솔이의 보고서를 읽고, 북한과 남한의 같은 점과 다른 점을 정리하려고 해요. 빈칸에 생각나는 것을 더 쓰세요.

북한 어린이들의 생활

남한과 같은 점

1. 한국어로 말하고, 한글을 써요.
2. 학교에 다녀요.
3. 텔레비전으로 만화 영화를 봐요.

남한과 다른 점

1. 학교에서 단체 행사가 많아요.
2. 학교에서 방과 후에 일을 해요.
3. 집에 컴퓨터가 별로 없어요.

솔이는 북한 친구와 하고 싶은 일을 쓰고 그렸어요. 북한 친구와 함께하고 싶은 일을 쓰고 그리세요.

나는 북한 친구와 함께 피자와 치킨을 먹고 싶다.

경의선 *평화 열차 체험 학습 보고서

평화
전쟁이나 싸움이 없는 상태.

날짜 2020○년 10월 18일

장소 임진각, 도라산역, 제3 땅굴, 도라 전망대

함께 간 사람 할아버지, 아빠, 엄마, 동생

체험 학습을 한 동기

아빠가 경의선 평화 열차 체험에 대한 신문 기사를 보고, 한번 타 보자고 했다. 나도 얼마 전 공부했던 북한을 더 가까이 느끼고 싶어서 찬성했다. 그래서 온 가족이 서울역으로 열차를 타러 갔다.

분단
어떤 것을 동강이 나게 끊어서 가름.

교류하다
문화나 사상 따위가 서로 통하다.

운행되다
정해진 길을 따라 차량 등을 운전하여 다니게 된다.

미리 조사한 내용

1. 경의선: 서울에서 북한의 평양을 거쳐 신의주까지 연결되는 철도였지만, 한국 전쟁 뒤에 남한과 북한으로 *분단되면서 끊어졌다. 하지만 남한과 북한이 *교류하기 위해 노력한 끝에 얼마 전부터 일부분이 다시 *운행된다.

 경의선 평화 열차는 어디에서 출발하나요?
☐ 임진강역   ☐ 서울역

2. 비무장 지대: *휴전선에서 남쪽과 북쪽으로 2킬로미터 떨어진 곳이다. 한국 전쟁이 끝난 뒤, 서로 싸우거나 *침범하지 않기로 약속한 곳이다.

3. 민간인 *통제 구역: 휴선선 주변 지역으로, 일반인의 출입이 금지되어 있다.

휴전선
1953년 7월 27일, 전쟁을 잠시 멈추자는 약속을 하면서 정한 한반도의 가운데를 가로지르는 군사 경계선.

침범하다
남의 영토나 권리, 재산, 신분 따위를 빼앗거나 해를 끼치다.

통제
어떤 계획이나 목적에 따라 행동에 한도를 정하거나 그 한도를 넘지 못하게 막는 것.

주의할 점

1. 평화 열차는 자주 다니지 않으므로 미리 열차표를 알아보는 것이 좋다.

2. 도라산역, 제3 땅굴, 도라 전망대는 민간인 통제 구역 안에 있다. 안에 들어가려면 허가를 받아야 하며, 신분증이 있어야 한다.

3. 사진은 허가된 곳에서만 찍을 수 있다.

가서 본 것과 한 것

1. 평화 열차

민간인 통제 구역을 달리는 유일한 열차이다. 평화 열차는 경의선으로 서울역과 도라산역 사이를 다닌다. 열차 바깥에는 여러 사람이 손을 잡고 있는 모습이 그려져 있었다. 남한과 북한 사람들이 이렇게 손을 잡자는 뜻 같았다. 열차 앞에서 사진을 찍었다.

 질문톡 민간인 통제 구역에 갈 때는 무엇이 있어야 하나요?

☐ 신분증   ☐ 사진기

2. 임진각

휴전선과 가깝고, 남한과 북한을 잇는 철도가 끊어진 곳에 세워진 건물이다. 그래서 북쪽에 고향을 두고 온 사람들은 명절에나 고향이 생각날 때 이곳에서 고향 땅이 있는 북쪽을 바라 본다. 나는 북한의 생활을 보여 주는 전시실을 둘러보고 전망대에 올라가 임진강과 자유의 다리를 내려다보았다.

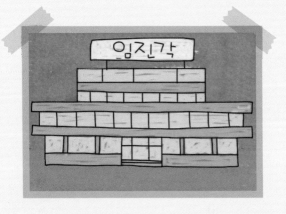

3. 자유의 다리

임진강을 건너는 다리로, 건너편이 북한이다. 한국 전쟁에서 잡혀간 1만여 명의 *포로가 1953년, 이 다리를 건너서 돌아왔다. 나는 다리 끝에 붙어 있는 편지들을 보았다. 북한 사람에게 하고 싶은 말이나 통일이 되기를 바라는 글이 많았다. 나는 북한 어린이에게 보내는 편지를 쓰고, 통일이 되기를 기도했다.

포로
전쟁에서 사로잡은 적.

4. 부서진 기차

한국 전쟁 때 부서진 기차를 보았다. 기차에는 실제 총탄 자국이 남아 있어 전쟁의 끔찍함을 느낄 수 있었다.

질문톡 자유의 다리 끝에는 무엇이 붙어 있나요?
☐ 기차   ☐ 편지

5. 도라산역

남한의 가장 마지막 역이자, 북한으로 가는 첫 번째 역이다. 역 안에 들어가자 '평양 *방면'이라고 쓰인 표지판이 있었다. 열차표를 사면 당장 평양까지 갈 수 있을 것 같아 한참 동안 표지판을 바라보았다.

방면
어떤 장소나 지역이 있는
방향 또는 그 주변.

6. 제3 땅굴

북한이 판 땅굴로, 1978년에 발견되었다. 나는 안전모를 쓰고 조심조심 걸었는데, 천장이 낮고 바닥이 *가파른 곳이 있어서 힘들었다.

가파르다
산이나 길이 몹시 기울어져
있다.

 질문톡 도라산역에는 어느 방면이라고 쓰인 표지판이 있었나요?

☐ 서울   ☐ 평양

7. 도라 전망대

도라 전망대는 북한 땅을 가장 가까이에서 볼 수 있는 곳이다. 전망대에는 망원경 수십 개가 있었다. 망원경으로 북쪽을 보니 건물과 차, 그리고 북한 군인이 보였다. 아빠가 저기가 개성이라고 말씀하셨다. 북한이 이렇게 가까운 곳에 있어서 깜짝 놀랐다.

느낀 점

제3 땅굴을 보았을 때는 북한이 좀 무서웠다. 통일이 되려면 남한과 북한이 다 함께 노력해야겠다는 생각이 들었다. 하지만 우리는 같은 민족이니 어서 통일이 되어 남한과 북한이 자유롭게 오가면 좋겠다. 기차를 타고 북한도 여행하고, 중국, 러시아, 유럽까지 여행한다면 정말 신날 것이다.

질문톡 솔이는 무엇을 보고, 북한이 무섭다고 느꼈나요?

☐ 임진각   ☐ 제3 땅굴

내용 확인

1 다음 중 솔이 가족이 탄 경의선 평화 열차로 알맞은 것에 ○표 하세요.

2 민간인 통제 구역 안에 들어가려면 허가를 받고, 이것을 챙겨야 한다고 했어요. 무엇인지 이 글에서 찾아 쓰세요.

3 이 글의 내용과 맞으면 ○표, 틀리면 ✕표 하세요.

솔이는 체험 학습을 하기 전에 미리 여러 가지를 조사했어요.	

평화 열차는 자주 다니기 때문에 언제든 탈 수 있어요.	

자유의 다리에는 통일을 바라는 편지가 많이 붙어 있었어요.	

북한은 너무 멀어서 도라 전망대에서도 잘 보이지 않았어요.	

주제 다지기

내용
💬 체험 학습에 함께 간 사람을 모두 찾아 ○표 하세요.

| 솔이 | 엄마 | 형 | 삼촌 |

| 할아버지 | 아빠 | 동생 |

💬 체험 학습에서 솔이가 이동한 길을 보기 에서 찾아 순서대로 쓰세요.

보기

서울역　　제3 땅굴　　도라 전망대　　임진각

정보

보고서의 내용에 맞는 설명을 따라 줄을 그어 길을 찾으세요.

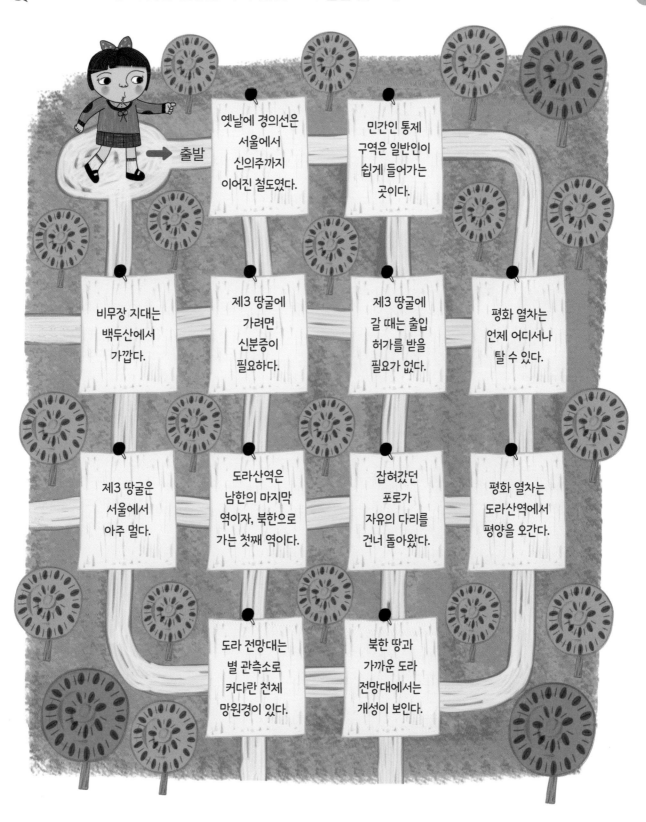

주제 다지기

내용

💬 보고서를 읽고, 평화 열차를 타고 간 곳에서 보거나 한 일로 알맞은 것을 찾아 줄로 이으세요.

자유의 다리

안전모를 쓰고,
땅굴 안을 걸었는데
무척 힘들었다.

제3 땅굴

북한의 생활을 보여 주는
전시실을 둘러보고,
임진강도 보았다.

도라 전망대

다리 끝에 붙어 있는
편지를 보고, 북한 어린이에게
편지를 썼다.

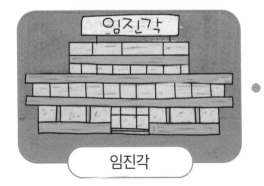

임진각

망원경으로
북한 땅에 있는 건물과
군인을 보았다.

정리

... 빈칸에 알맞은 말을 넣어 이 글을 정리하세요.

체험 학습 장소

_____,
자유의 다리, 도라산역,
_____,
도라 전망대

체험 학습 동기

_____ 체험에 대한 신문 기사를 읽은 아빠의 말씀을 듣고, _____을 더 가까이 느껴 보고 싶어서 가게 되었다.

체험 학습 내용

① 임진각에서 _____을 둘러보고 전망대에 올랐다.

② 자유의 다리 끝에 가서 북한 어린이에게 편지를 쓰고, _____이 되기를 기원했다.

③ _____에서 안전모를 쓰고 걸었는데, 천장이 낮아 힘들었다.

④ 도라 전망대에 올라가서는 망원경으로 _____ 땅을 보았다.

느낀 점

통일이 되어 남한과 북한이 자유롭게 오갔으면 좋겠다. 기차를 타고 _____을 여행하면 신나겠다고 생각했다.

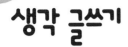

생각 글쓰기

💬 '통일'에 대한 어린이의 생각을 조사하고 있어요. 내 생각과 같은 것에 ✓표 하고, 통일이 되면 하고 싶은 일을 빈칸에 더 쓰세요.

'통일'에 대한 설문 조사

1. 북한 어린이를 보면 친구가 되고 싶나요?

☐ 예   ☐ 아니요

2. 북한 사람과 같은 민족이라고 생각하나요?

☐ 예   ☐ 아니요

3. 어려운 북한 사람을 도와주고 싶나요?

☐ 예   ☐ 아니요

4. 북한과 남한이 통일이 되면 좋겠다고 생각하나요?

☐ 예   ☐ 아니요

5. 통일이 되면 무엇을 하고 싶은가요?

☐ 북한에서 유명한 음식을 먹으러 다니고 싶다.
☐ 북한에 있는 산이나 강으로 놀러 가고 싶다.
☐ 한반도 끝까지 기차를 타고 가고 싶다.
☐ 북한 어린이들을 우리 집으로 초대하고 싶다.

💬 자유의 다리에 붙여 놓은 솔이의 편지를 보고, 북한 사람에게 하고 싶은 말을 쓰세요.

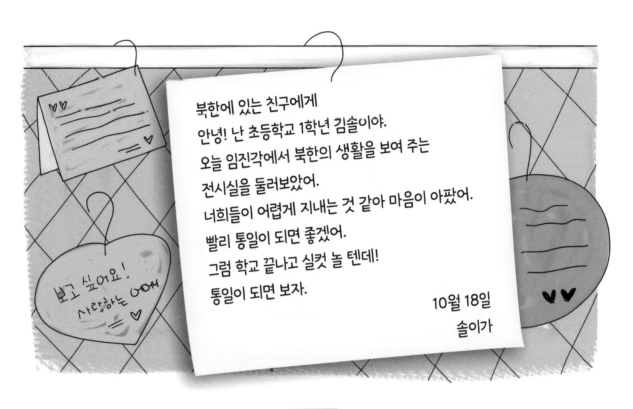

북한에 있는 친구에게
안녕! 난 초등학교 1학년 김솔이야.
오늘 임진각에서 북한의 생활을 보여 주는
전시실을 둘러보았어.
너희들이 어렵게 지내는 것 같아 마음이 아팠어.
빨리 통일이 되면 좋겠어.
그럼 학교 끝나고 실컷 놀 텐데!
통일이 되면 보자.

10월 18일
솔이가

보고 싶어요!
사랑하는 엄마

_____ 에게

_____

_____

_____

_____

월   일
_____
가
_____

스스로 평가하기 😊 😐 ☹️

글쓰기 비법

어휘
- 소리는 같지만 뜻이 다른 낱말
- 우리나라와 관련된 낱말

문법
- 문장 부호의 뜻과 쓰임

글쓰기
- 독서 감상문

어휘 +
소리는 같지만 뜻이 다른 낱말

💬 만화를 보면서, 소리는 같지만 뜻이 다른 낱말이 무엇인지 알아보세요.

 머리에 쏙

우리말에는 소리는 같지만 뜻이 다른 낱말이 많아요. **동음이의어**라고도 하지요.
예 밤(밤나무에 열리는 열매) ↔ 밤(해가 져서 어두워진 때부터 다음 날 해가 떠서 밝아지기 전까지의 동안)

빈칸에 들어갈 낱말의 소리가 같은 것끼리 줄로 이으세요.

강물 위로 _____ 가 떠가네.

나는 _____ 을 타고 신나게 달렸어.

물이 다 끓었나 봐. 주전자에서 _____ 이 나.

우리나라 _____ 는 시원하고 달기로 유명해.

너랑 나는 태어난 나라도 쓰는 _____ 도 달라.

나는 _____ 에 여러 재료를 넣은 김밥을 좋아해.

어휘 +
소리는 같지만 뜻이 다른 낱말

💬 빈칸에 똑같이 들어갈 낱말을 ( ) 안에서 찾아 ◯표 하세요.

1
- 여름이 되자 문에 _____을 늘어뜨렸다.
- 날씨가 추워서 _____이 시렸다.

(발 / 무릎)

2
- 오랫동안 걸었더니 _____가 아프다.
- 강 위에 새로 놓은 _____가 멋지다.

(다리 / 머리)

💬 빈칸에 똑같이 들어갈 낱말을 보기에서 찾아 쓰세요.

보기

배   눈   다리   말   비   밤

1
- 나는 _____을 뭉쳐서 동생에게 던졌다.
- _____이 아파서 눈물이 났다.

2
- 사람은 언제나 _____을 조심해야 한다.
- 시골 목장에서 _____을 타 보았다.

3
- 금세 해가 지더니 깜깜한 _____이 되었다.
- 나는 바구니에 토실토실한 _____을 가득 채웠다.

우리나라와 관련된 낱말

💬 우리나라와 관련된 낱말로 알맞은 글자를 모두 찾아 ◯로 묶고, 우리나라와 관련된 낱말을 더 생각해서 쓰세요.

고	려	청	자	시	내
동	대	한	국	용	이
세	종	러	시	아	순
무	카	고	구	마	신
궁	메	태	극	기	한
화	한	글	개	거	세
통	계	초	나	해	대
영	리	잔	비	선	시

113

💬 만화를 보고, 딸이 보낸 문자 메시지에서 무엇이 잘못되었는지 살펴보세요.

머리에 쏙

문장을 마칠 때 쓰는 문장 부호
· 마침표(.): 어떤 일을 있는 그대로 말하는 문장의 뒤에 써요. 예 꽃이 예쁘다.
· 물음표(?): 물음이나 의문을 나타내는 문장의 뒤에 써요. 예 꽃이 예쁘니?
· 느낌표(!): 감탄이나 놀람 등 강한 느낌을 나타내는 문장의 뒤에 써요. 예 꽃이 참 예쁘구나!

💬 사다리를 따라 줄을 그으며, 문장 부호의 이름과 쓰임을 알아보세요.

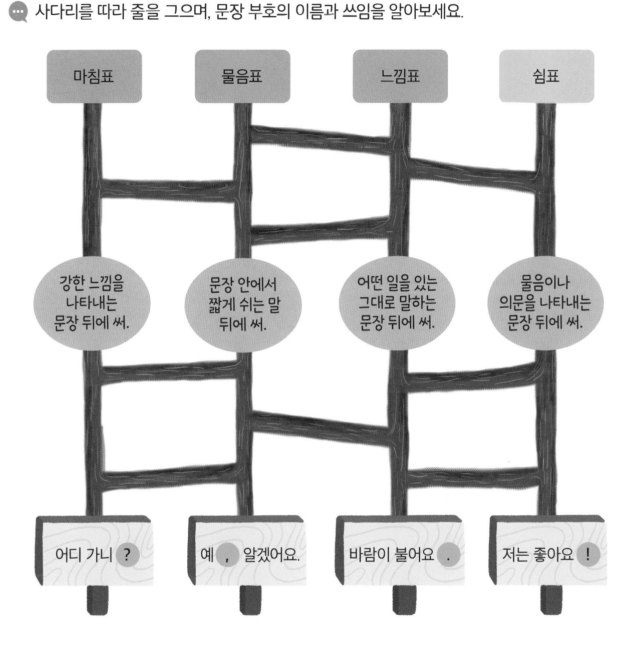

 머리에 쏙

문장을 쉴 때 쓰는 문장 부호
· 쉼표(,): 문장 안에서 짧게 쉬는 말 뒤에 써요. 예 아이고, 우스워.

말을 따오거나 생각한 것을 나타낼 때 쓰는 문장 부호
· 큰따옴표(" "): 글에서 말한 것을 그대로 따올 때 써요. 예 "고마워." 하고 지혜가 말했다.
· 작은따옴표(' '): 마음속으로 한 말을 적을 때 써요. 예 '어떡하지?' 하고 나는 생각했다.

문법 +

문장 부호의 뜻과 쓰임

💬 보기 와 같이 문장 부호를 바르게 쓴 문장에 ○표 하세요.

보기

백성이 모두 편히 살 방법은 없을까?　　（　○　）

백성이 모두 편히 살 방법은 없을까.　　（　　）

① 이순신 장군은 왜 거북선을 만들었을까?　　　　　（　　　）

이순신 장군은 왜 거북선을 만들었을까.　　　　　（　　　）

② 열세 척의 배로 일본군을 물리치다니 정말 대단하구나?　（　　　）

열세 척의 배로 일본군을 물리치다니 정말 대단하구나!　（　　　）

③ 아? 한글은 참 편리한 글자구나!　　　　　　（　　　）

아, 한글은 참 편리한 글자구나!　　　　　　（　　　）

④ 이 바다는 정말 넓다.　　　　　　　　　（　　　）

이 바다는 정말 넓다?　　　　　　　　　（　　　）

⑤ 세종은 백성들을 위해 한글을 만드셨다.　　　（　　　）

세종은 백성들을 위해 한글을 만드셨다?　　　（　　　）

💬 보기 와 같이 ☐ 안에 문장 부호를 바르게 쓰세요.

보기

"눈은 정말 차갑구나 ☐!☐ "

민수는 눈을 만지며 신기해서 소리쳤어요.

❶ 사람들이 공터에 둘러 앉았어요 ☐ 씨름판이 벌어졌거든요.

❷ ☐ 왠지 무서워! ☐ 동생이 땅굴로 들어가며 말했어요.

❸ "거북선이다. 도망가라 ☐ " 일본군이 소리쳤어요.

❹ 대문 안에서 엄마가 ☐ 누구세요? ☐ 하고 물었어요.

❺ 나는 ☐ 북한에도 어린이날이 있을까? ☐ 하고 생각했어요.

친구들의 생각을 나타낸 문장을 줄로 이은 다음, □ 안에 들어갈 문장 부호를 찾아 줄로 이으세요.

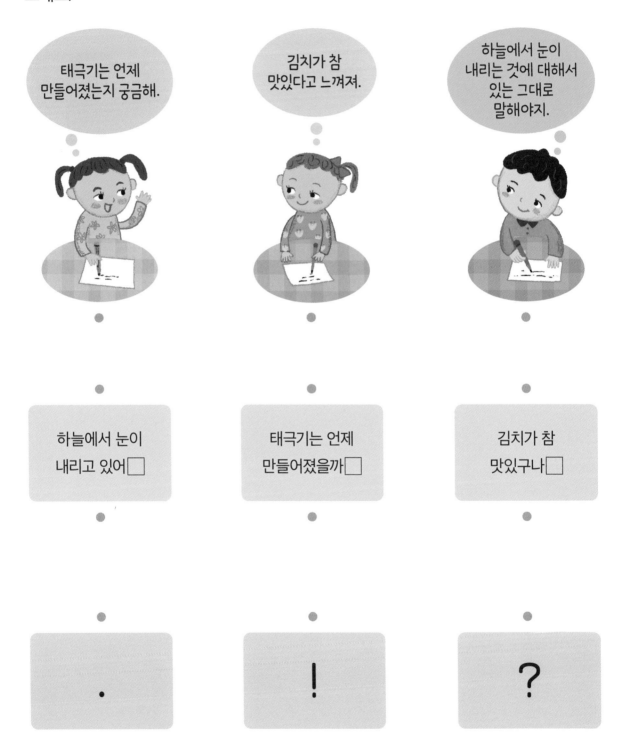

💬 그림을 보고, ☐ 안에 알맞은 문장 부호를 보기 에서 찾아 쓰세요.

보기

, . ? !

❶ 온 가족이 평화 열차를 타고 바깥 풍경을 구경해요 ☐

❷ 야, 정말 멋진 풍경이구나 ☐

❸ 다음은 어느 역에 도착할까요 ☐

❹ 아빠 ☐ 저기 좀 보세요.

💬 글을 읽고, 이 글에 대하여 바르게 말한 친구를 모두 찾아 ○표 하세요.

《팔만대장경은 누가 만들었을까?》를 읽고

《팔만대장경은 누가 만들었을까?》라는 책을 읽었다. 학급 문고에서 책을 보고 팔만대장경이 무엇인지 궁금해서 읽었다.

팔만대장경은 수많은 사람이 힘을 모아 만들었다. 나 같은 꼬마도 대장경을 나르는 데 힘을 보탰다. 경판의 수가 팔만 개가 넘었다니 얼마나 힘들었을까? 그래도 옛 사람들은 나라를 지키려고 열심히 일했다.

이 책을 읽고, 고려 시대에 부처의 힘으로 외적을 물리치기 위해 팔만대장경을 만들었다는 것을 알게 되었다. 그리고 아무리 어려워도 힘을 합하면 못 할 일이 없다는 것을 깨달았다.

책의 내용을 썼어요.

책을 쓴 사람에 대해 썼어요.

자신의 생각이나 느낌을 썼어요.

무엇을 깨달았는지 썼어요.

 머리에 쏙

이 글은 독서 감상문이에요. **독서 감상문**은 책을 읽고 난 뒤에 드는 생각이나 느낌을 쓴 글이에요.

💬 독서 감상문에 들어갈 내용을 모두 찾아 (　) 안에 ◯표 하세요.

① 책의 제목　　　　　　　　　　　　　　　（　　　　　）

② 책의 내용(줄거리)　　　　　　　　　　　（　　　　　）

③ 책을 읽은 장소　　　　　　　　　　　　（　　　　　）

④ 책을 읽게 된 까닭　　　　　　　　　　　（　　　　　）

⑤ 책을 읽고 난 뒤에 드는 생각이나 느낌　（　　　　　）

⑥ 책을 읽고 알거나 깨달은 점　　　　　　（　　　　　）

책을 읽은 장소는
독서 감상문에
쓸 필요가 없는
내용이에요.

💬 독서 감상문을 더 잘 쓴 아이에게 ◯표 하세요.

나는 책의 줄거리만 간추려서 썼어.

나는 책에 대한 생각이나 느낌을 많이 썼어.

독서 감상문에는
생각이나 느낌을
많이 쓰는 것이
좋아요.

 머리에 쏙

독서 감상문에는 책의 제목, 책에 대한 정보, 책을 읽은 까닭, 줄거리, 책을 읽고 느끼거나 생각한 점 등을 써요.
특히 생각이나 느낌을 자세히 쓰는 게 좋아요.

글쓰기 +
독서 감상문

💬 독서 감상문의 제목을 어떤 방법으로 썼는지 알맞은 것을 찾아 줄로 이으세요.

《팔만대장경은 누가
만들었을까?》를 읽고

나라를 지킨 팔만대장경
―《팔만대장경은 누가
만들었을까?》를 읽고

제목은 책의 제목을
그대로 써도 되고,
책에서 기억에 남는
내용을 따서 써도 돼요.

책의 제목을 넣어
'~를 읽고'와 같은
형식으로 씀.

책 내용에서 중요한
점을 쓰고, '~를 읽고'를
아래에 덧붙임.

💬 독서 감상문에 들어가는 '책의 내용'과 '생각이나 느낌'에는 각각 어떤 내용을 써야 하는지
알맞은 것을 찾아 줄로 이으세요.

책의 내용

인물이 한 일에 대한 생각이나 느낌.
책을 읽고 알거나 깨달은 점.

생각이나 느낌

책 속의 인물이 한 일.
책의 내용을 간추린 것.

💬 다음은 독서 감상문의 앞부분이에요. 각각 어떤 형식으로 쓴 것인지 빈칸에 알맞은 말을 쓰세요.

（가）

2020○년 3월 6일 수요일   날씨: 봄비 내림

《팔만대장경은 누가 만들었을까?》를 읽고

《팔만대장경은 누가 만들었을까?》를 읽었다. 이 책을 읽고 얼마나 많은

사람이 팔만대장경을 만드는 데 힘을 보탰는지를 알게 되었다.

（나）

팔만대장경을 만드신 분들께

안녕하세요? 저는 사랑 초등학교 2학년 이서윤이에요.

대장경을 만드느라 힘드셨죠? 그래도 많은 분이 힘을 합쳤기 때문에

팔만 개가 넘는 경판을 만들 수 있었을 거예요.

（가） 는 _____ 형식으로 썼고, （나） 는 _____ 형식으로 썼다.

💬 요즘 읽은 책 중에서 기억에 남는 책 제목을 쓰세요.

_____

💬 책을 읽은 뒤 생각하거나 느낀 점을 쓰세요.

_____

머리에 쏙

독서 감상문은 일반적인 독서 감상문 형식 외에도 일기, 동시, 주인공에게 쓰는 편지, 친구에게 책을 권하는 편지 등 여러 가지 형식으로 쓸 수 있어요. 그림이나 만화로 표현할 수도 있지요.

글쓰기+
독서 감상문

💬 123쪽에 쓴 내용과 아래 글을 바탕으로 독서 감상문을 쓰세요.

나라를 위해 목숨을 바친 유관순
—《유관순 전기》를 읽고—

　유관순 언니에 대한 책을 읽었다. 이 책이 엄마가 사 주신 전기문 전집에 있어서 읽게 되었다.
　유관순 언니는 나라를 위해 목숨을 바쳤다. 우리나라가 일본에게 나라를 빼앗겼을 때 대한 독립 만세를 불러서 잡혀갔다. 유관순 언니는 감옥에 갇혀서도 계속 만세를 불렀다. 그러다가 일본 순사들이 고문해서 언니는 감옥에서 돌아가셨다.
　언니가 나라를 지키기 위해 정말 용감한 행동을 했다는 것을 알게 되었다. 언니 같은 분이 있어서 우리나라가 독립할 수 있었을 것이다.
　친구들에게 이 책을 꼭 읽어 보라고 말하고 싶다.

기억에 남는 내용을 따서 제목을 써.

책을 읽은 까닭을 써.

책의 내용을 떠올린 다음 내용을 간추려.

책의 내용에 자신의 생각이나 느낌을 함께 쓰면 좋아.

책의 내용을 간추려 쓰면서 중간중간 나의 생각이나 느낌을 섞어서 쓰는 것이 좋아요.

124

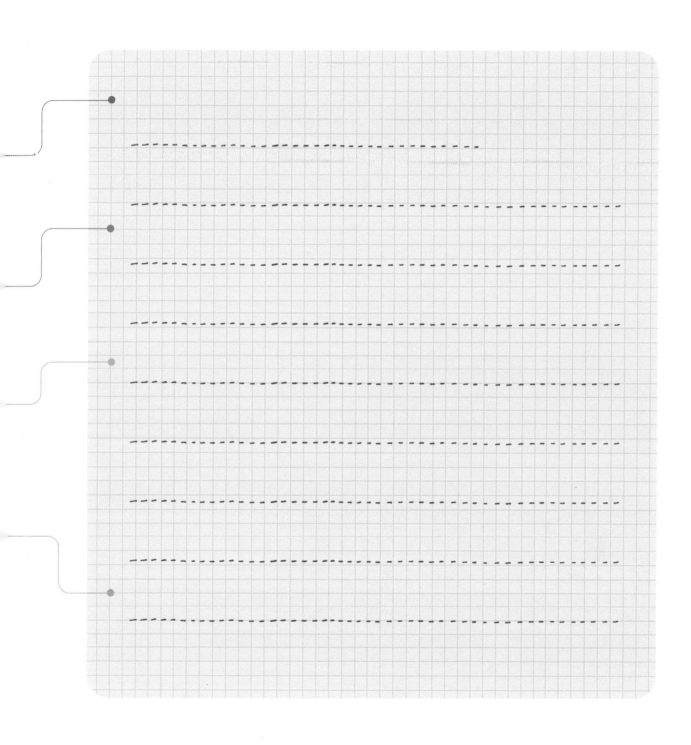

MEMO

메가스터디BOOKS

교과 주제로 시작하는

초등 메가
독서 논술

2022 개정
교육과정 반영
개정증보판

정답 및 예시 답안

초등 · 1~2 학년 · 자랑스러운 우리나라

읽기 전

생각 깨우기

민기가 다른 나라 친구에게 우리나라를 소개하고 있어요. 우리나라를 나타내는 것을 모두 찾아 ○표 하세요.

우리나라를 나타내는 꽃과 깃발인 무궁화와 태극기를 찾아 ○표 하세요.

8

9

도움말 우리나라의 상징을 알아보는 문제입니다. 무궁화, 한복, 고려 청자, 태극기를 비롯해 한글, 애국가, 김치, 태권도, 불국사, 경복궁 등이 대표적인 우리나라의 상징입니다.

도움말 무궁화와 태극기를 찾아봅니다.

읽기 전

배경지식 깨우기

풍선 속 설명에 해당하는 우리나라의 자랑거리를 찾아 줄로 이으세요.

어휘 깨우기

보기의 낱말과 뜻풀이를 보고, 빈칸에 들어갈 알맞은 낱말을 **보기**에서 찾아 쓰세요.

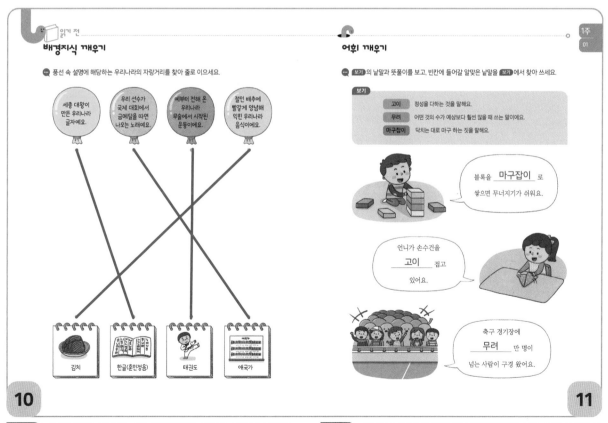

10

11

도움말 우리나라를 상징하는 한글(훈민정음), 애국가, 태권도, 김치에 대해서 알아보는 문제입니다.

도움말 새로운 낱말과 그 뜻풀이를 이해한 다음, 문장 안에 들어갈 낱말을 찾는 문제입니다. 이를 통해 설명문에 나올 새로운 낱말을 익힙니다.

끝없이 피어나는 무궁화

삼천리
우리나라 전체를 비유적으로 이르는 말. 한반도 북쪽 끝에서 남쪽 끝까지가 삼천리 정도 된다고 하여 생긴 말이다.

대한민국 하면 무엇이 떠오르나요? 무궁화가 떠오르지는 않나요? 우리나라를 나타내는 노래인 애국가에도 '무궁화 *삼천리 화려 강산'이라는 노랫말이 들어갈 만큼 무궁화는 우리나라를 대표해요.

우리 민족은 먼 옛날부터 무궁화를 '하늘 나라의 꽃'이라며 귀하게 여기고, 우리나라를 '무궁화의 나라'라고 부르기도 했어요. 무궁화는 자연스럽게 우리나라를 나타내는 나라꽃이 되었답니다.

날마다 새로운 꽃이 피는 무궁화

'무궁화'는 무슨 뜻일까요? 바로 '끝없이 피어나는 꽃'이라는 뜻이랍니다. 7월부터 10월까지 끝없이 꽃을 피워서 이런 이름이 붙었지요.

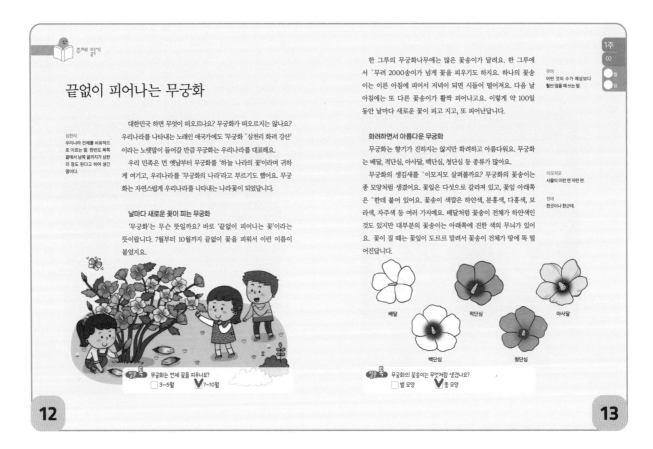

질문 톡 무궁화는 언제 꽃을 피우나요?
☐ 3~5월 ✔ 7~10월

한 그루의 무궁화나무에는 많은 꽃송이가 달려요. 한 그루에서 *무려 2000송이가 넘게 꽃을 피우기도 하지요. 하나의 꽃송이는 이른 아침에 피어서 저녁이 되면 시들어 떨어져요. 다음 날 아침에는 또 다른 꽃송이가 활짝 피어나고요. 이렇게 약 100일 동안 날마다 새로운 꽃이 피고 지고, 또 피어난답니다.

무려
어떤 것의 수가 예상보다 훨씬 많을 때 쓰는 말.

화려하면서 아름다운 무궁화

무궁화는 향기가 진하지는 않지만 화려하고 아름다워요. 무궁화는 배달, 적단심, 아사달, 백단심, 청단심 등 종류가 많아요.

무궁화의 생김새는 *이모저모 살펴볼까요? 무궁화의 꽃송이는 종 모양처럼 생겼어요. 꽃잎은 다섯으로 갈라져 있고, 꽃잎 아래쪽은 *한데 붙어 있어요. 꽃송이 색깔은 하얀색, 분홍색, 다홍색, 보라색, 자주색 등 여러 가지예요. 배달처럼 꽃송이가 전체가 하얀색인 것도 있지만 대부분의 꽃송이는 아래쪽에 진한 색의 무늬가 있어요. 꽃이 질 때는 꽃잎이 도르르 말려서 꽃송이가 전체가 땅에 똑 떨어진답니다.

이모저모
사물의 이런 면 저런 면.

한데
한곳이나 한군데.

배달   적단심   아사달

백단심   청단심

질문 톡 무궁화의 꽃송이는 무엇처럼 생겼나요?
☐ 별 모양 ✔ 종 모양

우리 민족과 함께해 온 무궁화

마구잡이
닥치는 대로 마구 하는 짓.

다짐하다
마음이나 뜻을 굳게 가다듬어 정하다.

나라꽃인 무궁화가 *마구잡이로 뽑혀 나간 시절이 있었어요. 바로 일본에 우리나라를 빼앗겼을 때예요. 우리나라 사람들이 무궁화를 보면서 빼앗긴 나라를 다시 찾겠다고 *다짐한다는 것을 알고 일본이 무궁화를 없애려고 했거든요. 그러나 우리나라 사람들이 어려움을 이겨 내고 나라를 되찾은 것처럼 무궁화도 사라지지 않고 우리 곁에 살아남았지요.

무궁화는 오랫동안 우리 민족에게 기쁨을 주었을 뿐만 아니라 우리 민족과 어려움을 함께해 온 우리의 나라꽃이랍니다.

질문 톡 예전에 우리나라의 무궁화를 마구잡이로 뽑은 나라는 어디인가요?
✔ 일본 ☐ 중국

내용 확인

1 무궁화의 뜻으로 알맞은 것에 ○표 하세요.

(끝없이) 피어나는 꽃   진한 향기를 지닌 꽃

2 이 글의 내용과 맞으면 ○표, 틀리면 ✕표 하세요.

무궁화나무 한 그루에 2000송이가 넘는 꽃이 달리기도 해요.	○
무궁화는 꽃송이의 색깔도 종류도 적은 편이에요.	✕
무궁화꽃이 질 때는 꽃송이가 전체가 똑 떨어져요.	○
한때 무궁화가 마구잡이로 뽑혀 나간 시절이 있었어요.	○

3 일본에 우리나라를 빼앗겼을 때 일본은 왜 무궁화를 없애려고 했나요? 다음 중 알맞은 이유를 고르세요.   (**4**)

① 일본 사람들 눈에는 무궁화가 예쁘지 않아서
② 무궁화보다 향기가 진한 다른 꽃을 심고 싶어서
③ 매일매일 떨어지는 무궁화꽃을 치우기가 너무 귀찮아서
④ 우리나라 사람들이 무궁화를 보며 나라를 다시 찾겠다고 다짐해서

주제 다지기

정보 무궁화에 대해서 바르게 쓰여 있는 푯말을 따라 줄을 그어 길을 찾으세요.

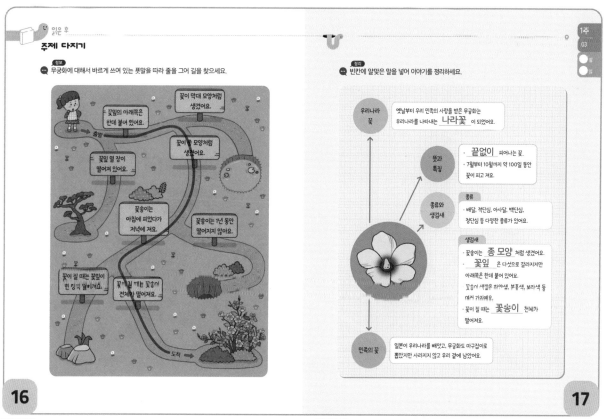

16

도움말 무궁화에 관한 지식을 알아보는 문제가 아닙니다. 혹시 아이가 잘 기억하지 못하면 설명문을 다시 한번 읽어 보도록 지도해 주세요.

정리 빈칸에 알맞은 말을 넣어 이야기를 정리하세요.

우리나라 꽃
옛날부터 우리 민족의 사랑을 받은 무궁화는 우리나라를 나타내는 __나라꽃__ 이 되었어요.

뜻과 특징
· __끝없이__ 피어나는 꽃.
· 7월부터 10월까지 약 100일 동안 꽃이 피고 져요.

종류와 생김새

종류
· 배달, 적단심, 아사달, 백단심, 청단심 등 다양한 종류가 있어요.

생김새
· 꽃송이는 __종 모양__ 처럼 생겼어요.
· __꽃잎__ 은 다섯으로 갈라지지만 아래쪽은 한데 붙어 있어요.
· 꽃송이 색깔은 하얀색, 분홍색, 보라색 등 여러 가지예요.
· 꽃이 질 때는 __꽃송이__ 전체가 떨어져요.

민족의 꽃
일본이 우리나라를 빼앗고, 무궁화도 마구잡이로 뽑았지만 사라지지 않고 우리 곁에 남았어요.

17

도움말 글을 도식화하여 요약 정리해 보는 문제입니다. 내용이 기억나지 않으면 글을 다시 읽어 보면서 알맞은 내용을 쓰도록 지도해 주세요.

생각 글쓰기

내가 나라꽃을 정한다면 어떤 꽃으로 하고 싶은가요? **보기** 에서 꽃을 고르고, 그 까닭을 빈칸에 쓰세요.

보기
튤립 장미 해바라기 카네이션

나는 장미를 나라꽃으로 할래. 장미 향기가 좋거든.

나는 해바라기를 나라꽃으로 고를래. 해바라기는 태양처럼 빛나잖아.

예 나는 카네이션을 나라꽃으로 고를래. 카네이션을 보면 감사한 마음이 들잖아.

18

해마다 봄이 되면 곳곳에서 벚꽃 축제를 하지요. 그런데 왜 나라꽃인 무궁화 축제는 별로 없을까요? 내 생각은 어떤지 빈칸에 쓰세요.

무궁화꽃은 한여름에 피잖아. 여름은 너무 더워.

사람들이 무궁화보다 벚꽃을 더 좋아하나 봐.

예 날마다 떨어지는 무궁화꽃을 치우기 귀찮아서 그런 것 같아.

19

도움말 아이에게 어떤 꽃을 나라꽃으로 정하고 싶은지, 그 까닭은 무엇인지 말해 보게 한 뒤 이를 빈칸에 써 보게 하세요. 아이의 생각이 다소 엉뚱해도 나름의 근거가 있으면 존중해 주세요.

도움말 벚꽃과의 비교를 통해 무궁화의 특징을 다시 떠올려 볼 수 있도록 지도해 주세요.

바람에 휘날리는 태극기

우리나라의 국기, 태극기

다른 나라에 자기 나라를 알릴 때 빠지지 않는 것이 있어요. 바로 국기예요. 국기는 나라의 깃발이라는 뜻이지요. 세계 모든 나라는 국기에 자기 나라의 역사나 꿈 등을 담아요.

우리나라 국기는 태극기예요. 깃발 가운데 빨간색과 파란색으로 된 태극 모양이 그려져 있어서 태극기라고 불러요. 태극 모양은 옛날부터 우리 민족이 즐겨 썼어요. 베개나 그릇, *궁궐과 *관청의 대문에도 커다란 태극 모양을 그려 넣곤 했지요.

궁궐
임금이 사는 집.

관청
나라의 일을 하는 기관이나
그 기관이 있는 곳.

태극기는 우리나라의 얼굴이에요. 세계 여러 나라가 참여하는 행사나 운동 경기에서 우리나라를 나타내지요. 월드컵 축구 대회 같은 큰 경기에서 우리나라 선수들이 *등장할 때면, 태극기가 *앞장서요. 경기에서 우리나라 선수가 금메달을 따면 태극기가 경기장에 높이 걸리지요. 다른 나라와 운동 경기가 있는 날에도 태극기를 흔들면서 응원을 해요. 사람들이 너도나도 태극기를 들고 나와 너른 경기장이 태극기로 뒤덮인 모습은 정말 멋지답니다.

등장하다
어떤 사건이나 분야에서 새
로운 제품이나 현상, 인물 등
이 세상에 처음으로 나오다.

앞장서다
어떤 일을 하는 때에 가장
먼저 나서다.

질문똑 궁궐의 대문에 그려 넣은 것은 무엇인가요?
☑ 태극 모양 ☐ 세모 모양

질문똑 태극기는 우리나라의 무엇이라고 했나요?
☑ 얼굴 ☐ 심장

많은 뜻이 담긴 태극기

태극기의 바탕은 밝고 깨끗한 흰색이에요. 흰색 바탕은 평화를 사랑하는 우리나라 사람들의 마음을 나타내요. 한가운데 있는 태극은 세상 모든 것이 함께 *어우러져 있다는 뜻이고요.

태극 둘레에는 '괘'라고 부르는 막대 무늬가 있어요. 괘의 이름은 각각 '건', '곤', '감', '이'예요. 네 괘를 통틀어 '4괘'라고 한답니다. 태극을 둘러싼 4괘는 세상이 바뀌고 발전하는 모습을 나타낸 거예요. 4괘 가운데 건은 하늘, 곤은 땅, 감은 물, 이는 불을 뜻하고요.

어우러지다
여럿이 조화되어 한 덩어리
나 한판을 크게 이루다.

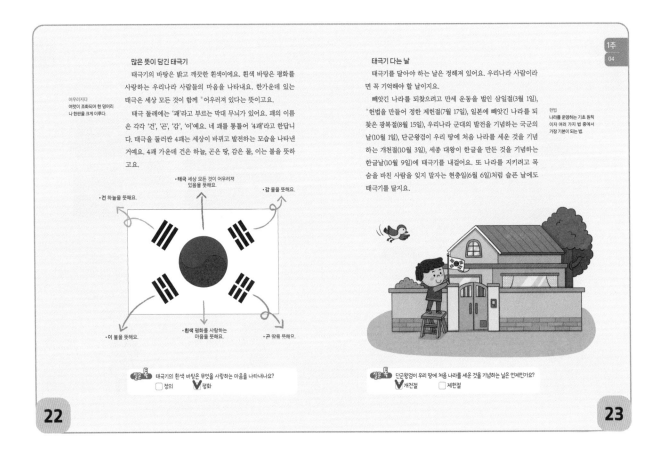

• 태극 세상 모든 것이 어우러져
있음을 뜻해요.

• 건 하늘을 뜻해요.

• 감 물을 뜻해요.

• 이 불을 뜻해요.

• 흰색 평화를 사랑하는
마음을 뜻해요.

• 곤 땅을 뜻해요.

태극기 다는 날

태극기를 달아야 하는 날은 정해져 있어요. 우리나라 사람이라면 꼭 기억해야 할 날이지요.

빼앗긴 나라를 되찾으려고 만세 운동을 벌인 삼일절(3월 1일), *헌법을 만들어 정한 제헌절(7월 17일), 일본에 빼앗긴 나라를 되찾은 광복절(8월 15일), 우리나라 군대의 발전을 기념하는 국군의 날(10월 1일), 단군왕검이 우리 땅에 처음 나라를 세운 것을 기념하는 개천절(10월 3일), 세종 대왕이 한글을 만든 것을 기념하는 한글날(10월 9일)에 태극기를 내걸어요. 또 나라를 지키려고 목숨을 바친 사람을 잊지 말자는 현충일(6월 6일)처럼 슬픈 날에도 태극기를 달지요.

헌법
나라를 운영하는 기초 원칙
이자 여러 가지 법 중에서
가장 기본이 되는 법.

질문똑 태극기의 흰색 바탕은 무엇을 사랑하는 마음을 나타내요?
☐ 정의 ☑ 평화

질문똑 단군왕검이 우리 땅에 처음 나라를 세운 것을 기념하는 날은 언제인가요?
☑ 개천절 ☐ 제헌절

태극기 바르게 털기

태극기는 다는 법이 정해져 있어요. 태극기의 위와 아래, 왼쪽과 오른쪽이 바뀌지 않아야 해요. 태극기는 태극의 빨간색이 위, 파란색이 아래로 가도록 달아야 해요.

깃봉
깃대 끝에 만든 꽃봉오리 모양의 꾸밈새.

태극기를 밖에다 달 때는 무궁화 꽃봉오리처럼 생긴 *깃봉이 달린 깃대에 달아요. 깃대에 태극기를 달 때는 기쁜 날과 슬픈 날에 따라 다는 방법이 달라요. 광복절, 한글날처럼 기쁜 날에는 깃봉에 닿을 만큼 태극기를 높이 달아요. 현충일처럼 슬픈 날에는 깃봉에서 태극기의 폭만큼 내려 달지요.

고이
정성을 다하는 것.
간직하다
물건 등을 어떤 장소에 잘 보호하거나 보관한다.

눈이나 비가 오는 날에는 태극기를 달지 않아요. 태극기가 더러워지지 않도록 조심하고, 만약 때가 묻으면 깨끗하게 빨아서 써요. 태극기를 달지 않을 때는 *고이 접어서 잘 *간직해 두어야 한답니다.

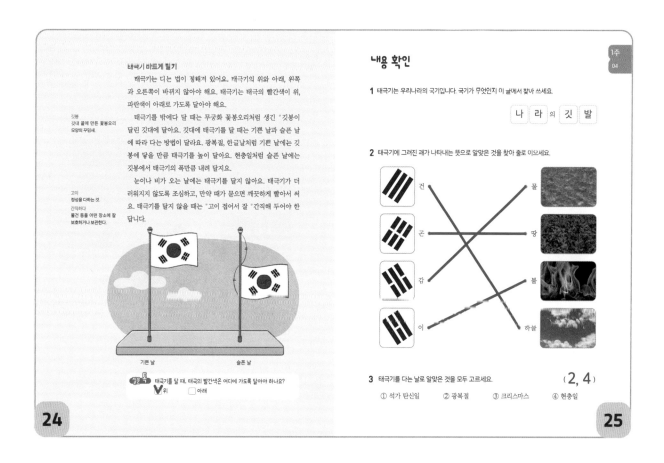

기쁜 날   슬픈 날

태극기를 달 때, 태극의 빨간색은 어디에 가도록 달아야 하나요?
☑ 위   ☐ 아래

24

내용 확인

1 태극기는 우리나라의 국기입니다. 국기가 무엇인지 이 글에서 찾아 쓰세요.

나 라 의 깃 발

2 태극기에 그려진 괘가 나타내는 뜻으로 알맞은 것을 찾아 줄로 이으세요.

건 — 물
곤 — 땅
감 — 불
이 — 하늘

3 태극기를 다는 날로 알맞은 것을 모두 고르세요.   (2 , 4)

① 석가 탄신일   ② 광복절   ③ 크리스마스   ④ 현충일

25

😊 읽은 후

주제 다지기

주제
💬 이 글에 대해 바르게 말한 친구를 모두 찾아 ○표 하세요.

이 글에서 가장 중요한 말은 태극기야.

태극기에 대해서 자세하게 알려 주는 글이야.

국경일에는 태극기를 꼭 달자고 주장하는 글이야.

이 글에서 가장 중요한 말은 한글날이야.

정보
💬 이 글의 내용과 맞는 것을 모두 찾아 □안에 색칠하세요.

태극기의 바탕은 흰색이고, 한가운데 있는 태극 모양 둘레에는 4괘가 그려져 있어요. ■

태극기의 흰색 바탕은 전쟁을 좋아하는 우리나라 사람들의 마음을 나타낸 거예요. ☐

광복절과 한글날에 태극기를 달 때는 깃봉에서 태극기 폭만큼 아래로 내려 달아요. ☐

26

정리
💬 빈칸에 알맞은 말을 넣어 이 글을 정리하세요.

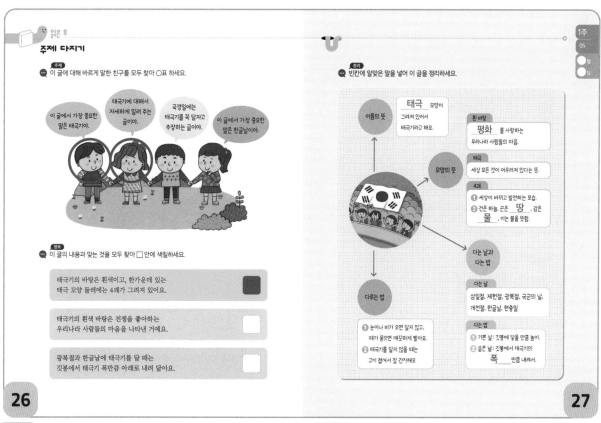

이름의 뜻 — 태극 모양이 그려져 있어서 태극기라고 해요.

모양의 뜻

흰 바탕 — 평화 를 사랑하는 우리나라 사람들의 마음.

태극 — 세상 모든 것이 어우러져 있다는 뜻

4괘
❶ 세상이 바뀌고 발전하는 모습.
❷ 건은 하늘, 곤은 땅 , 감은 물 , 이는 불을 뜻함.

다는 날과 다는 법

다는 날 — 삼일절, 제헌절, 광복절, 국군의 날, 개천절, 한글날, 현충일

다는 법
❶ 기쁜 날: 깃봉에 닿을 만큼 높이.
❷ 슬픈 날: 깃봉에서 태극기의 폭 만큼 내려서.

다루는 법
❶ 눈이나 비가 오면 달지 않고, 때가 묻으면 깨끗하게 빨아요.
❷ 태극기를 달지 않을 때는 고이 접어서 잘 간직해요.

27

도움말 핵심어(주제)와 글의 갈래를 알아보는 문제입니다.

도움말 태극기의 세부 모양에는 어떤 뜻이 있는지, 태극기를 어떻게 달고 보관하는지 등을 떠올리며 문제를 풀게 하세요.

도움말 글을 도식화하여 요약 정리해 보는 문제입니다. 내용이 기억나지 않으면 글을 다시 읽어 보면서 알맞은 내용을 쓰도록 지도해 주세요.

생각 글쓰기

💬 세계 대회에 나가 금메달을 딴 뒤, 태극기가 올라가는 모습을 보면 어떤 마음이 들지 상상해서 쓰세요.

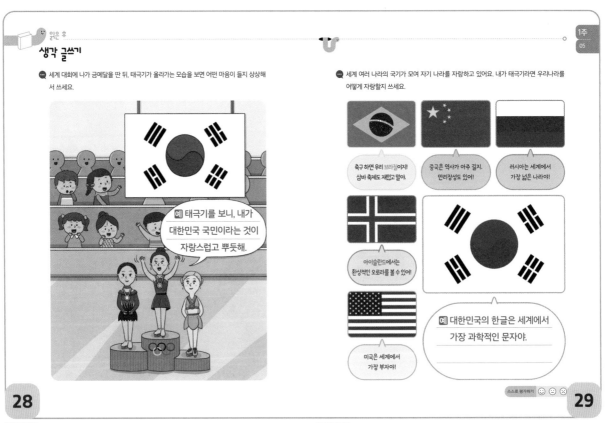

예 태극기를 보니, 내가 대한민국 국민이라는 것이 자랑스럽고 뿌듯해.

💬 세계 여러 나라의 국기가 모여 자기 나라를 자랑하고 있어요. 내가 태극기라면 우리나라를 어떻게 자랑할지 쓰세요.

축구 하면 우리 브라질이지! 삼바 축제도 재밌고 말야.

중국은 역사가 아주 길지. 만리장성도 있어!

러시아는 세계에서 가장 넓은 나라야!

아이슬란드에서는 환상적인 오로라를 볼 수 있어!

예 대한민국의 한글은 세계에서 가장 과학적인 문자야.

미국은 세계에서 가장 부자야!

스스로 평가하기 ☺ 😐 ☹

도움말 아이가 금메달을 딴다면 어떤 마음이 들지 창의적으로 생각하도록 도와주세요.

도움말 외국인에게 우리나라의 자랑거리를 소개한다는 생각으로 글을 쓰게 해 주세요.

읽기 전

생각 깨우기

💬 친구들이 놀이를 하고 있어요. 우리나라의 전통 놀이를 모두 찾아 ○표 하세요.

배경지식 깨우기

💬 전통 놀이를 할 때 쓰는 놀이 도구예요. 무슨 놀이를 할 때 쓰는 도구인지 사다리를 따라 줄을 그어 알아보세요.

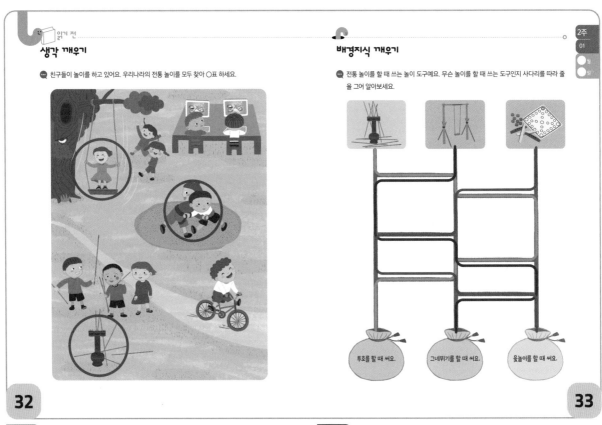

투호를 할 때 써요.

그네뛰기를 할 때 써요.

윷놀이를 할 때 써요.

도움말 전통 놀이는 옛날부터 전해 내려오는 놀이라는 것을 알려 주세요. 이를 기준으로 그네뛰기, 씨름, 투호는 옛날부터 우리나라 사람들이 즐기던 놀이임을 함께 알려 주세요.

도움말 전통 놀이를 할 때 쓰는 도구에 대해 알아보는 문제입니다.

옛날에 우리 조상이 쓰던 물건을 찾아 ○ 안을 색칠하세요.

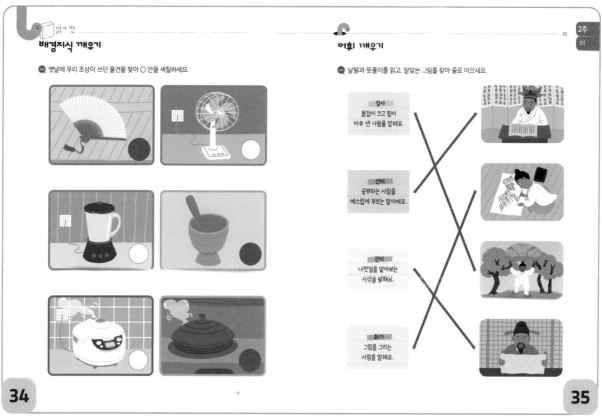

낱말과 뜻풀이를 읽고, 알맞은 그림을 찾아 줄로 이으세요.

장사	선비	관리	화가

장사
몸집이 크고 힘이
아주 센 사람을 말해요.

선비
공부하는 사람을
예스럽게 부르는 말이에요.

관리
나랏일을 맡아보는
사람을 말해요.

화가
그림을 그리는
사람을 말해요.

34

35

도움말 옛날과 오늘날의 생활 도구를 알아봅니다.

도움말 새로운 낱말과 그 뜻풀이를 이해한 다음, 알맞은 그림을 찾는 문제입니다. 이를 통해 설명문에 나올 새로운 낱말을 익힙니다.

옛 그림 속 신나는 전통 놀이

장사
몸집이 크고 힘이 아주
센 사람.

가장 힘센 *장사를 뽑는 씨름

김홍도, <씨름>, 1700년대 후반, 국립중앙박물관

사람들이 *공터에 빙 둘러앉았어요. 씨름판이 벌어졌거든요. 그림 속에서 등이 보이는 씨름꾼이 *상대방을 들어 올려서 넘어뜨리려고 해요. 그와 맞붙은 씨름꾼은 넘어지지 않으려고 애를 쓰고요.

이 그림은 조선 시대 *화가인 김홍도가 그린 <씨름>이에요. 씨름은 두 사람이 서로의 살바를 휘감아 쥐고 힘과 기술을 써서 상대방을 넘어뜨리는 놀이예요. 살바는 허리와 허벅지에 두르는 긴 천을 말해요.

씨름은 아주 오랜 옛날부터 우리 조상들이 즐겨 했던 놀이예요. 추석이나 단오 같은 명절에는 씨름 대회를 열었어요. 씨름 대회에서 일등을 하면 사람들에게 장사라는 칭찬을 듣고, 황소 한 마리를 상으로 받았지요. 장사는 상으로 받은 황소를 타고 동네를 한 바퀴 돌며 뽐냈어요. 지금도 설이나 추석 무렵에는 씨름 대회를 열어 우리나라에서 가장 씨름을 잘하는 사람을 뽑아요.

공터
건물이나 밭 등이 텅
비어 있는 땅.

상대방
어떤 일이나 말을 할 때 짝
을 이루는 사람.

화가
그림을 그리는 사람.

읽으며 톡 씨름을 할 때 허리와 허벅지에 두르는 긴 천은 무엇인가요?
□ 상투 ☑ 살바

36

37

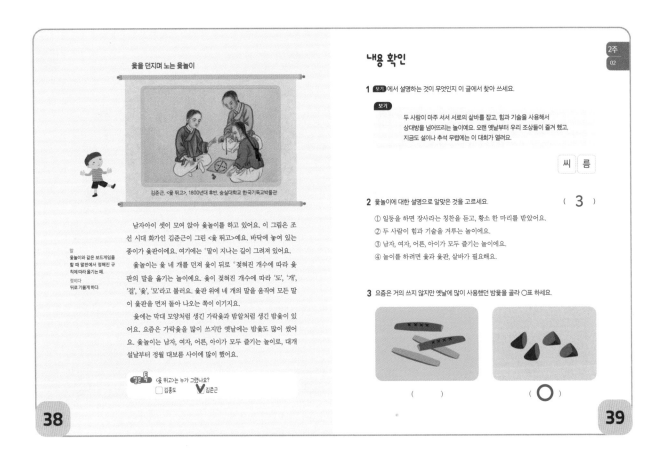

윷을 던지며 노는 윷놀이

김준근, <윷 뛰고>, 1800년대 후반, 숭실대학교 한국기독교박물관

남자아이 셋이 모여 앉아 윷놀이를 하고 있어요. 이 그림은 조선 시대 화가인 김준근이 그린 <윷 뛰고>예요. 바닥에 놓여 있는 종이가 윷판이에요. 여기에는 °말이 지나가는 길이 그려져 있어요.

윷놀이는 윷 네 개를 던져 윷이 뒤로 °젖혀진 개수에 따라 윷판의 말을 옮기는 놀이예요. 윷이 젖혀진 개수에 따라 '도', '개', '걸', '윷', '모'라고 불러요. 윷판 위에 네 개의 말을 움직여 모든 말이 윷판을 먼저 돌아 나오는 쪽이 이기지요.

윷에는 막대 모양처럼 생긴 가락윷과 밤알처럼 생긴 밤윷이 있어요. 요즘은 가락윷을 많이 쓰지만 옛날에는 밤윷도 많이 썼어요. 윷놀이는 남자, 여자, 어른, 아이가 모두 즐기는 놀이로, 대개 설날부터 정월 대보름 사이에 많이 했어요.

말
윷놀이와 같은 보드게임을 할 때 말판에서 정해진 규칙에 따라 옮기는 패.

젖히다
뒤로 기울게 하다.

질문톡 <윷 뛰고>는 누가 그렸나요?
☐ 김홍도 ☑ 김준근

38

내용 확인

1 보기 에서 설명하는 것이 무엇인지 이 글에서 찾아 쓰세요.

보기
두 사람이 마주 서서 서로의 샅바를 잡고, 힘과 기술을 사용해서 상대방을 넘어뜨리는 놀이예요. 오랜 옛날부터 우리 조상들이 즐겨 했고, 지금도 설이나 추석 무렵에는 이 대회가 열려요.

| 씨 | 름 |

2 윷놀이에 대한 설명으로 알맞은 것을 고르세요. (3)

① 일등을 하면 장사라는 칭찬을 듣고, 황소 한 마리를 받았어요.
② 두 사람이 힘과 기술을 겨루는 놀이예요.
③ 남자, 여자, 어른, 아이가 모두 즐기는 놀이예요.
④ 놀이를 하려면 윷과 윷판, 샅바가 필요해요.

3 요즘은 거의 쓰지 않지만 옛날에 많이 사용했던 밤윷을 골라 ○표 하세요.

(   )   (○)

39

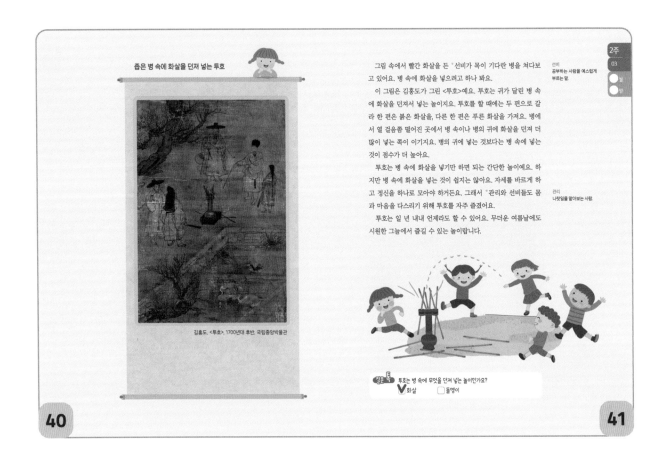

좁은 병 속에 화살을 던져 넣는 투호

김홍도, <투호>, 1700년대 후반, 국립중앙박물관

40

선비
공부하는 사람을 예스럽게 부르는 말.

그림 속에서 빨간 화살을 든 °선비가 목이 기다란 병을 쳐다보고 있어요. 병 속에 화살을 넣으려고 하나 봐요.

이 그림은 김홍도가 그린 <투호>예요. 투호는 귀가 달린 병 속에 화살을 던져서 넣는 놀이지요. 투호를 할 때에는 두 편으로 갈라 한 편은 붉은 화살을, 다른 한 편은 푸른 화살을 가져요. 병에서 열 걸음쯤 떨어진 곳에서 병 속이나 병의 귀에 화살을 던져 더 많이 넣는 쪽이 이기지요. 병의 귀에 넣는 것보다는 병 속에 넣는 것이 점수가 더 높아요.

투호는 병 속에 화살을 넣기만 하면 되는 간단한 놀이예요. 하지만 병 속에 화살을 넣는 것이 쉽지는 않아요. 자세를 바르게 하고 정신을 하나로 모아야 하거든요. 그래서 °관리와 선비들도 몸과 마음을 다스리기 위해 투호를 자주 즐겼어요.

투호는 일 년 내내 언제라도 할 수 있어요. 무더운 여름날에도 시원한 그늘에서 즐길 수 있는 놀이랍니다.

관리
나랏일을 맡아보는 사람.

질문톡 투호는 병 속에 무엇을 던져 넣는 놀이인가요?
☑ 화살 ☐ 돌멩이

41

8

공깃돌을 던지고 받는 공기놀이

윤덕희, 〈공기놀이〉, 1700년대 중반, 국립중앙박물관

남자아이 두 명이 바닥에 철퍼덕 앉아서 공기놀이를 하고 있어요. 그 옆에는 바람개비를 든 아이가 서 있어요. 아이들은 모두 *공중에 띠 있는 두 개의 공깃돌을 쳐다보고 있네요.

이 그림은 조선 시대 화가인 윤덕희가 그린 〈공기놀이〉예요. 공기놀이는 *밤톨만 한 돌 여러 개를 땅바닥에 놓고, 그 돌을 집고 받으며 놀아요. 보통은 아이 둘이서 하지만 서너 명이 하기도 해요. 공깃돌은 둥글둥글하고 작은 돌을 주워 모으거나 돌을 *다듬어서 쓰기도 했어요. 지금은 대개 플라스틱으로 만든 공깃돌을 써요.

공기놀이는 추운 날이나 더운 날에도 할 수 있고, 어디서나 할 수 있어요. 지금도 아이들이 많이 즐기는 놀이인데, 남자아이들보다 여자아이들이 주로 하지요.

공중
하늘과 땅 사이의 빈 곳.

밤톨
밤알 하나하나.

다듬다
필요 없는 부분을 떼고 깎아 쓸모 있게 만들다.

옅은독 공기놀이는 무엇으로 하나요?
☑ 공깃돌 ☐ 바람개비

42 / 43

하늘 높이 나는 그네뛰기

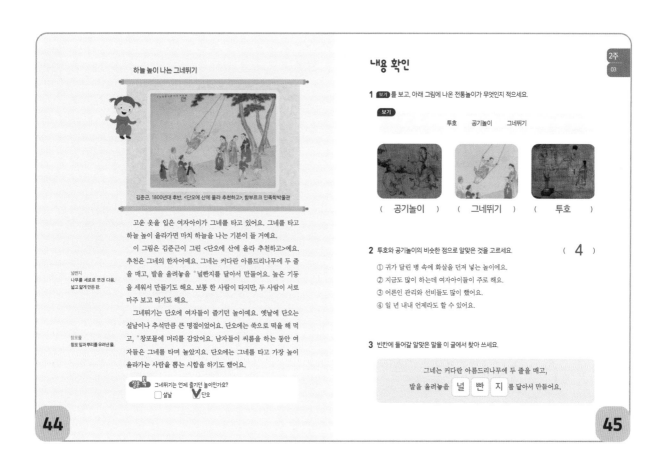

김준근, 1800년대 후반, 〈단오에 산에 올라 추천하고〉, 함부르크 민족학박물관

고운 옷을 입은 여자아이가 그네를 타고 있어요. 그네를 타고 하늘 높이 올라가면 마치 하늘을 나는 기분이 들 거예요.

이 그림은 김준근이 그린 〈단오에 산에 올라 추천하고〉예요. 추천은 그네의 한자어예요. 그네는 커다란 아름드리나무에 두 줄을 매고, 발을 올려놓을 *널빤지를 달아서 만들어요. 높은 기둥을 세워서 만들기도 해요. 보통 한 사람이 타지만, 두 사람이 서로 마주 보고 타기도 해요.

그네뛰기는 단오에 여자들이 즐기던 놀이예요. 옛날에 단오는 설날이나 추석만큼 큰 명절이었어요. 단오에는 쑥으로 떡을 해 먹고, *창포물에 머리를 감았어요. 남자들이 씨름을 하는 동안 여자들은 그네를 타며 놀았지요. 단오에는 그네를 타고 가장 높이 올라가는 사람을 뽑는 시합을 하기도 했어요.

널빤지
나무를 세로로 쪼갠 다음, 넓고 얇게 만든 판.

창포물
창포 잎과 뿌리를 우려낸 물.

옅은독 그네뛰기는 언제 즐기던 놀이인가요?
☐ 설날 ☑ 단오

44

내용 확인

1 보기 를 보고, 아래 그림에 나온 전통놀이가 무엇인지 적으세요.

보기
투호 공기놀이 그네뛰기

(공기놀이) (그네뛰기) (투호)

2 투호와 공기놀이의 비슷한 점으로 알맞은 것을 고르세요. (4)

① 귀가 달린 병 속에 화살을 던져 넣는 놀이예요.
② 지금도 많이 하는데 여자아이들이 주로 해요.
③ 어른인 관리와 선비들도 많이 했어요.
④ 일 년 내내 언제라도 할 수 있어요.

3 빈칸에 들어갈 알맞은 말을 이 글에서 찾아 쓰세요.

그네는 커다란 아름드리나무에 두 줄을 매고,
발을 올려놓을 널 빤 지 를 달아서 만들어요.

45

주제 다지기

갈래 이 글에 대해 바르게 말한 친구를 찾아 ○표 하세요.

정보 그림을 그린 화가의 이름을 보기 에서 찾아 □ 안에 쓰세요.

도움말 글의 갈래를 파악하는 문제입니다.

도움말 옛 그림을 보고, 그 그림을 그린 화가의 이름을 알아보는 문제입니다. 아이들이 전통 놀이를 그린 화가의 이름을 잘 기억하지 못하면 그림을 다시 찾아보게 지도해 주세요.

읽은 후

2주
04

주제 다지기

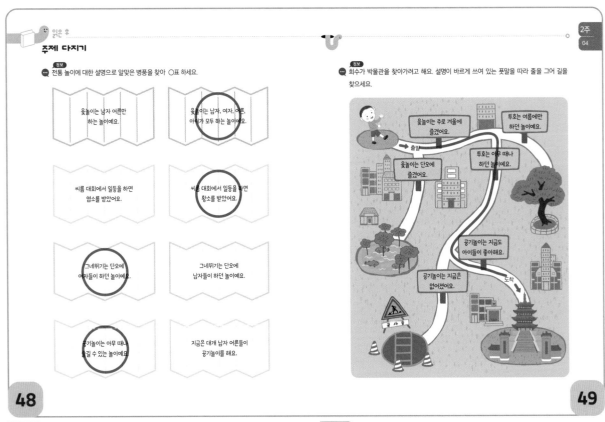

정보 전통 놀이에 대한 설명으로 알맞은 병풍을 찾아 ○표 하세요.

정보 희수가 박물관을 찾아가려고 해요. 설명이 바르게 쓰여 있는 푯말을 따라 줄을 그어 길을 찾으세요.

도움말 글을 잘 읽었는지 알아보는 문제입니다. 아이가 어려워하면 해당하는 부분을 다시 찾아 읽어 보게 하세요.

도움말 전통 놀이에 대한 지식을 묻는 것이 아닙니다. 따라서 아이가 어려워하면 필요한 부분을 찾아서 읽게 한 뒤에 문제를 풀게 해 주세요.

주제 다지기

정보
친구들이 이 글을 읽고 알게 된 것을 말하고 있어요. 빈칸에 알맞은 말을 보기에서 찾아 쓰세요.

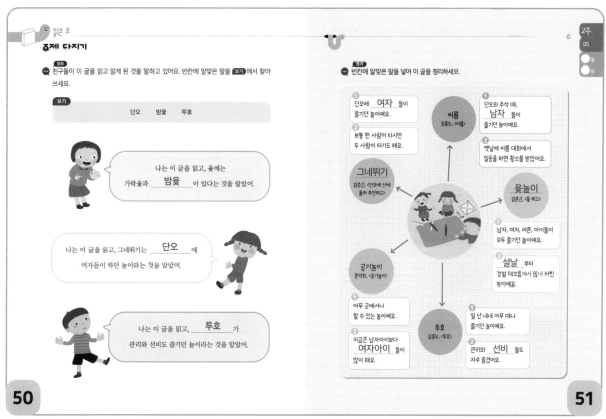

보기

단오   밤윷   투호

나는 이 글을 읽고, 윷에는
가락윷과 **밤윷** 이 있다는 것을 알았어.

나는 이 글을 읽고, 그네뛰기는 **단오** 에
여자들이 하던 놀이라는 것을 알았어.

나는 이 글을 읽고, **투호** 가
관리와 선비도 즐기던 놀이라는 것을 알았어.

50

도식화
빈칸에 알맞은 말을 넣어 이 글을 정리하세요.

씨름
김홍도, 〈씨름〉
① 단오에 **여자** 들이
즐기던 놀이예요.

① 단오와 추석 때,
남자 들이
즐기던 놀이예요.
② 옛날에 씨름 대회에서
일등을 하면 황소를 받았어요.

그네뛰기
김준근, 〈단오에 산에
올라 추천하고〉

윷놀이
김준근, 〈윷 뛰고〉
① 남자, 여자, 어른, 아이들이
모두 즐기던 놀이예요.
② **설날** 부터
정월 대보름까지 많이 하던
놀이예요.

공기놀이
윤덕희, 〈공기놀이〉
① 아무 곳에서나
할 수 있는 놀이예요.
② 지금은 남자아이보다
여자아이 들이
많이 해요.

투호
김홍도, 〈투호〉
① 일 년 내내 아무 때나
즐기던 놀이예요.
② 관리와 **선비** 들도
자주 즐겼어요.

51

도움말 아이들이 글의 세부 내용을 이해했는지 알아보는 문제입니다. 아이들에게 설명문을 읽고, 새로 알게 된 사실이 무엇인지 물어보고, 그 부분을 쓰게 해 주세요.

도움말 글을 도식화하여 요약 정리해 보는 문제입니다. 내용이 기억나지 않으면 글을 다시 읽어 보면서 알맞은 내용을 쓰도록 지도해 주세요.

생각 글쓰기

내가 하고 싶은 전통 놀이를 보기에서 고르고, 인터넷에서 사진을 찾아 붙이세요. 그리고 그 전통 놀이에 대하여 조사한 것을 쓰세요.

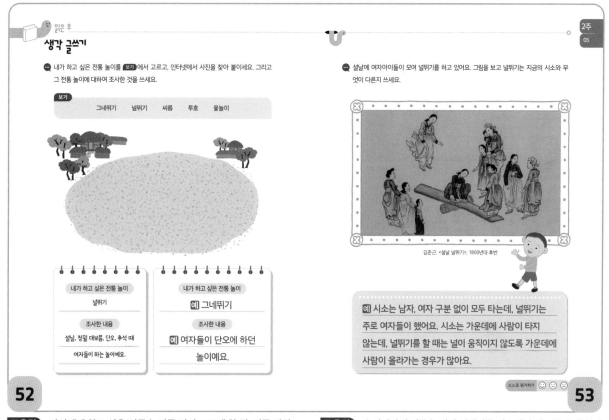

보기

그네뛰기   널뛰기   씨름   투호   윷놀이

내가 하고 싶은 전통 놀이
널뛰기

조사한 내용
설날, 정월 대보름, 단오, 추석 때
여자들이 하는 놀이예요.

내가 하고 싶은 전통 놀이
예 그네뛰기

조사한 내용
예 여자들이 단오에 하던
놀이예요.

52

설날에 여자아이들이 모여 널뛰기를 하고 있어요. 그림을 보고 널뛰기는 지금의 시소와 무엇이 다른지 쓰세요.

김준근, 〈설날 널뛰기〉. 1800년대 후반

예 시소는 남자, 여자 구분 없이 모두 타는데, 널뛰기는
주로 여자들이 했어요. 시소는 가운데에 사람이 타지
않는데, 널뛰기를 할 때는 널이 움직이지 않도록 가운데에
사람이 올라가는 경우가 많아요.

스스로 평가하기 ☺ ☺ ☹

53

도움말 아이에게 알고 싶은 전통 놀이를 먼저 고르게 한 뒤, 이를 바탕으로 인터넷에서 필요한 정보를 찾습니다. 아이가 찾은 정보 가운데 가장 중요한 내용을 쓰도록 지도해 주세요.

도움말 우리나라의 전통 놀이인 널뛰기를 시소와의 비교를 통해 알아봅니다. 다른 점에 대해 쓰게 한 다음, 같은 점도 말하게 해 봅시다.

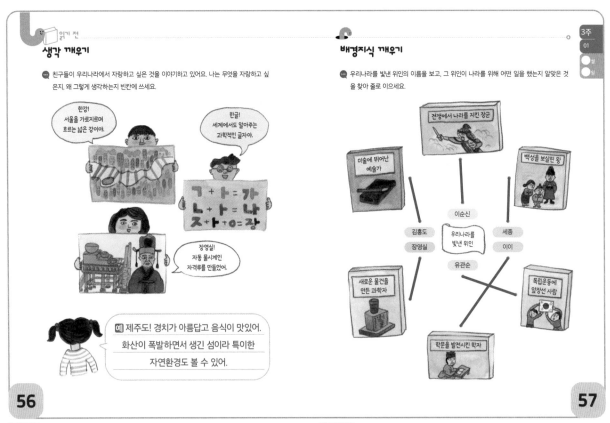

56

57

도움말 인물, 자연환경, 물건 등 어떤 것이든 세계에 자랑할 만한 것을 떠올리고 왜 그런지 까닭을 말해 보게 하세요. 아이가 생각나는 것이 없다고 하면 몇 가지 예를 알려 주세요.

도움말 위인의 이름을 보고, 어떤 일을 했는지 알아봅니다. 나라를 위해 어떤 일을 했는지 찾아보고, 혹시 잘 모르는 위인은 책이나 인터넷 검색을 통해 알아본 뒤 답하게 해 주세요.

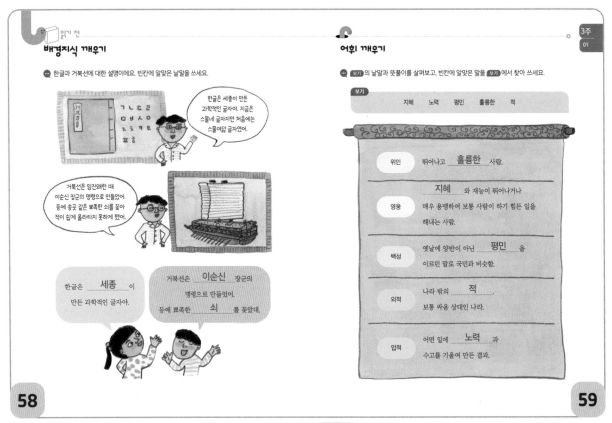

58

59

도움말 세종과 이순신에 관련된 배경지식을 갖게 하는 활동입니다. 설명을 읽고 답하게 해 주세요.

도움말 전기에서 많이 볼 수 있는 낱말인 위인, 영웅, 업적 등의 뜻을 알아봅니다. <보기>에 있는 말을 넣어, 낱말의 뜻풀이를 완성합니다.

*백성을 위해 한글을 만든 왕

백성
옛날에 양반이 아닌 평민을 이르던 말로 국민과 비슷함.

손꼽이다
많은 가운데 다섯 손가락 안에 들 만큼 뛰어나거나 그 수가 적다고 생각되다.

입직
어떤 일에 노력과 수고를 기울여 만든 결과.

총명하다
아주 영리하고 재주가 있다.

세종은 조선의 네 번째 왕이에요. 우리나라에서 가장 지혜로운 왕으로 *손꼽혀요.

위대한 *입직을 남긴 세종은 어릴 때부터 *총명하고 책 읽기를 좋아했어요. 책을 읽느라 밤을 새울 때가 한두 번이 아니었어요. 어떤 책이든 내용을 정확히 알 때까지 읽고 또 읽었지요.

아버지인 태종은 이런 세종이 왕이 되어야 한다고 생각했어요. 그래서 셋째 아들이었지만 세종을 세자로 삼고 왕의 자리를 물려주었어요. 세종은 그 뜻을 알기에 굳게 결심했어요.

'백성의 마음을 헤아리고 백성을 위해 일하는 왕이 되리라!'

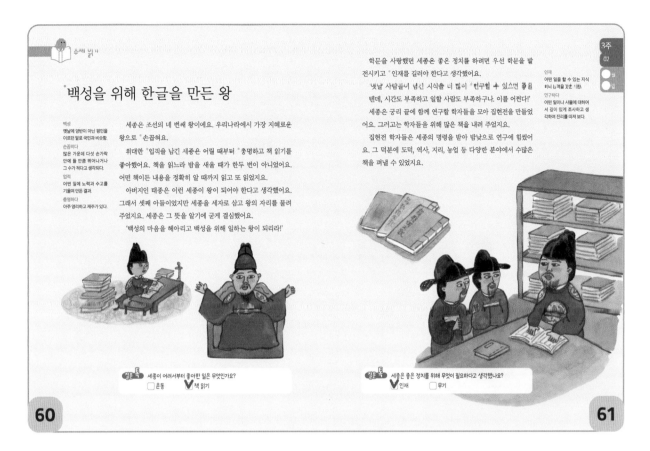

질문톡 세종이 어려서부터 좋아한 일은 무엇인가요?
☐ 운동　✔ 책 읽기

인재
어떤 일을 할 수 있는 지식 이나 능력을 갖춘 사람.

연구하다
어떤 일이나 사물에 대하여 서 깊이 있게 조사하고 생각 하여 진리를 따져 보다.

학문을 사랑했던 세종은 좋은 정치를 하려면 우선 학문을 발전시키고 *인재를 길러야 한다고 생각했어요.

'옛날 사람들이 남긴 지식을 널리 *연구할 수 있으면 좋을 텐데, 시간도 부족하고 일할 사람도 부족하구나. 이를 어쩐다!'

세종은 궁리 끝에 함께 연구할 학자들을 모아 집현전을 만들었어요. 그러고는 학자들을 위해 많은 책을 내려 주었지요.

집현전 학자들은 세종의 명령을 받아 밤낮으로 연구에 힘썼어요. 그 덕분에 도덕, 역사, 지리, 농업 등 다양한 분야에서 수많은 책을 펴낼 수 있었지요.

질문톡 세종은 좋은 정치를 위해 무엇이 필요하다고 생각했나요?
✔ 인재　☐ 무기

신분
한 사람의 사회적인 위치나 계급. 옛날에는 대개 부모가 자식에게 신분을 물려주 었다.

세종은 재능 있는 인재를 고루 써서 과학 기술을 발전시켰어요. 누구라도 나라를 위해 일할 수 있어야 한다고 생각하고, 백성의 편안한 삶을 위해 기술을 발전시켜야 한다고 생각했기 때문이지요. 세종은 *신분의 높고 낮음과 관계없이 재주 있는 사람을 귀하게 대우했어요. 세종은 노비였던 장영실의 신분을 높여 주고, 벼슬까지 준 이야기는 아주 유명하지요.

이런 노력으로 세종 때에 수많은 과학 기기가 만들어졌어요. 천체를 관측하는 혼천의와 해시계인 앙부일구 등이 그것이지요. 특히 물시계인 자격루는 물의 흐름을 이용해 일정한 시간마다 종과 북, 징이 저절로 울리도록 한 자동 시계랍니다.

질문톡 세종 때 만든 해시계의 이름은 무엇인가요?
✔ 앙부일구　☐ 자격루

함부로
조심하거나 깊이 생각하지 아니하고 마음 내키는 대로 마구.

세종은 누구보다 백성을 걱정하고 사랑했어요. 늦은 밤에도 백성을 생각하느라 잠을 이루지 못했지요.

'백성이 모두 배불리 먹고 편히 살 방법은 없을까? 내가 부족하여 아직도 힘들게 사는 백성이 이리 많구나……'

세종은 자주 가난하고 힘없는 백성을 돕고, 노비라도 주인이 *함부로 죽이지 못하게 하고, 군사들을 늘 일찍 집으로 돌려보냈어요. 한글은 바로 백성을 생각하는 이런 마음에서 시작되었지요.

'백성이 삶의 지혜를 얻으려 해도 글을 모르니 방법이 없구나. 어려운 한자 대신 백성이 쉽게 배울 수 있는 글자가 필요하겠다.'

세종은 몰래 한글을 만들기 시작했어요. 양반들은 백성이 쉽게 배울 수 있는 글자를 반대할 거라고 생각했기 때문이지요. 자신들만 글자를 알고 삶의 지혜를 얻기 원해서 말이에요.

질문톡 세종은 백성이 삶의 지혜를 얻을 수 있게 무엇을 만들기로 했나요?
☐ 학교　✔ 글자

세종은 밤낮으로 새로운 글자를 연구했어요. 마침내 1446년에 한글의 바탕이 된 훈민정음을 발표했지요.

하지만 세종의 예상대로 많은 신하가 한글을 반대하고 나섰어요. 그런데도 세종은 물러서지 않았어요. 우리말의 소리를 그대로 옮길 수 있고, 백성들이 쉽게 배울 수 있는 글자가 꼭 필요하다고 생각했거든요.

훈민정음은 '백성을 가르치는 바른 소리'라는 뜻이에요. 백성들은 훈민정음 덕분에 °비로소 맘껏 읽고 쓸 수 있게 되었지요.

한글은 세계에서 가장 과학적인 글자로 인정을 받았어요. 세종은 °어진 왕일 뿐만 아니라 우리 민족이 대대로 쓰는 한글을 만든 °위인이에요.

°비로소
어느 시점을 기준으로 그전까지 이루어지지 않았던 일이 이루어지거나 바뀌기 시작함을 나타내는 말.
°어질다
마음이 너그럽고 착하며 슬기롭고 덕이 높다.
°위인
뛰어나고 훌륭한 사람.

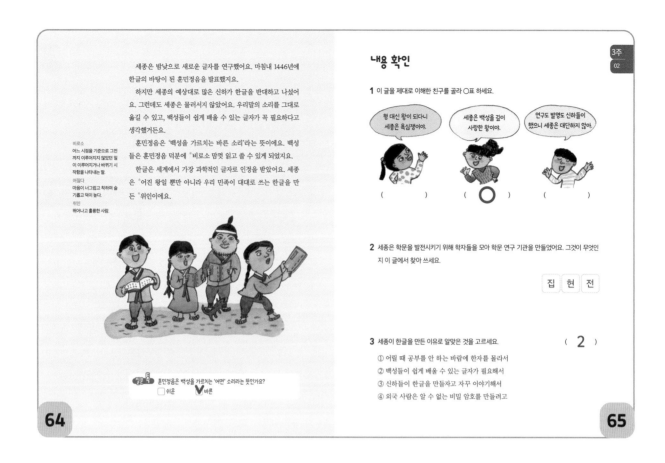

훈민정음은 백성을 가르치는 '어떤' 소리라는 뜻인가요?
☐ 쉬운　☑ 바른

내용 확인

1 이 글을 제대로 이해한 친구를 골라 ○표 하세요.

형 대신 왕이 되다니 세종은 욕심쟁이야.
（　　　）

세종은 백성을 깊이 사랑한 왕이야.
（　○　）

연구도 발명도 신하들이 했으니 세종은 대단하지 않아.
（　　　）

2 세종은 학문을 발전시키기 위해 학자들을 모아 학문 연구 기관을 만들었어요. 그것이 무엇인지 이 글에서 찾아 쓰세요.

| 집 | 현 | 전 |

3 세종이 한글을 만든 이유로 알맞은 것을 고르세요.　（ 2 ）

① 어릴 때 공부를 안 하는 바람에 한자를 몰라서
② 백성들이 쉽게 배울 수 있는 글자가 필요해서
③ 신하들이 한글을 만들자고 자꾸 이야기해서
④ 외국 사람은 알 수 없는 비밀 암호를 만들려고

🔖 읽은 후
주제 다지기

내용
💬 세종이 한 일을 바르게 쓴 것을 모두 찾아 세종과 줄로 이으세요.

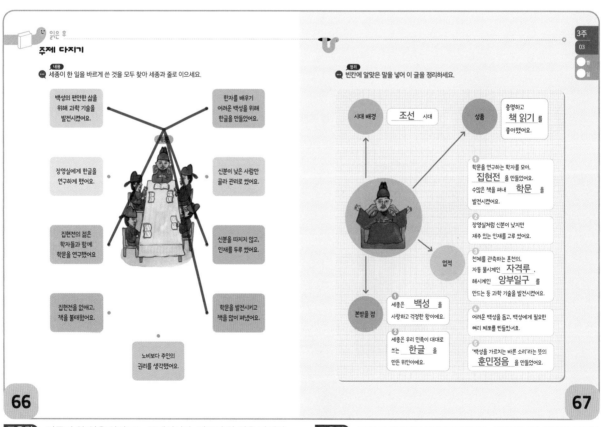

백성의 편안한 삶을 위해 과학 기술을 발전시켰어요.

한자를 배우기 어려운 백성을 위해 한글을 만들었어요.

장영실에게 한글을 연구하게 했어요.

신분이 낮은 사람만 골라 관리로 썼어요.

집현전의 젊은 학자들과 함께 학문을 연구했어요.

신분을 따지지 않고, 인재를 두루 썼어요.

집현전을 없애고, 책을 불태웠어요.

학문을 발전시키고 책을 많이 펴냈어요.

노비보다 주인의 권리를 생각했어요.

정리
💬 빈칸에 알맞은 말을 넣어 이 글을 정리하세요.

시대 배경　[조선] 시대

성품　총명하고 [책 읽기]를 좋아했어요.

① 학문을 연구하는 학자를 모아, [집현전]을 만들었어요. 수많은 책을 펴내 [학문]을 발전시켰어요.

② 장영실처럼 신분이 낮지만 재주 있는 인재를 고루 썼어요.

③ 천체를 관측하는 혼천의, 자동 물시계인 [자격루], 해시계인 [앙부일구]를 만드는 등 과학 기술을 발전시켰어요.

업적

본받을 점
① 세종은 [백성]을 사랑하고 걱정한 왕이에요.
② 세종은 우리 민족이 대대로 쓰는 [한글]을 만든 위인이에요.

④ 어려운 백성을 돕고, 백성에게 필요한 여러 제도를 만들었어요.

⑤ '백성을 가르치는 바른 소리'라는 뜻의 [훈민정음]을 만들었어요.

도움말 인물이 한 일을 알아보는 문제입니다. 세종이 한 일을 자세하게 확인하는 문제이므로 잘 기억하지 못하면 이야기의 내용을 되짚어 보도록 합니다.

도움말 글을 도식화하여 요약 정리해 보는 문제입니다. 내용이 기억나지 않으면 글을 다시 읽어 보면서 알맞은 내용을 쓰도록 지도해 주세요.

생각 글쓰기

세종의 업적 가운데 가장 자랑스럽다고 생각하는 것을 찾아 ○표 하세요. 그런 다음 왜 그렇게 생각했는지 까닭을 쓰세요.

한글

양부일구

측우기

자격루

왜냐하면 **예** 한글은 세계에서도 드문 과학적인 글자로, 앞으로도 대대로 쓸 소중한 유산이기 때문입니다.

친구가 한 말을 보고 나는 세종에게 어떤 점을 본받고 싶은지 빈칸에 쓰세요.

왕이라는 높은 지위에 있는데도, 힘없는 사람들을 도운 점을 본받고 싶어.

예 나는 책 읽기를 좋아한 점을 본받고 싶어.

세종이 훈민정음을 발표했을 때, 양반과 백성은 어떤 생각을 했을까요? 내가 양반이거나 백성이었다면, 어떤 생각을 했을지 빈칸에 쓰세요.

정말 어진 임금이시구나. 앞으로는 억울한 일이 있으면 글을 써서 궁궐에 보내야지.

예 앞으로는 나도 책을 읽을 수 있겠구나. 아, 신난다.

예 백성이 모두 글을 읽어 우리나라가 똑똑해지면 어떡하지?

중국의 앞선 문화를 배우려면 한자를 알아야 하는데, 앞으로 누가 어려운 한자를 배우겠어?

68

69

도움말 세종의 업적에 대해 아이가 평가하는 열린 문제입니다. 아이가 생각하는 중요한 것을 고르고, 까닭을 쓰게 해 주세요.

도움말 세종에게 본받고 싶은 점을 자유롭게 써 보는 문제입니다.

도움말 한글의 의의에 대해 생각해 보는 문제입니다. 글을 토대로 양반과 백성의 입장에서 쓰게 하세요.

주제 읽기

외적의 침략을 막은 영웅

외적
나라 밖의 적. 보통 싸움 상대인 나라.

영웅
지혜와 재능이 뛰어나거나 매우 용맹하여 보통 사람이 하기 힘든 일을 해내는 사람.

무예
무기 쓰기, 주먹질, 말달리기 등 무도에 관한 재주.

무과
고려와 조선 시대에, 무관을 뽑기 위해 치른 시험.

이순신은 1545년, 서울에서 양반 집안의 셋째 아들로 태어났어요. 이순신은 어려서부터 총명하고 활발했어요. 친구들과 전쟁놀이하는 걸 즐겼는데, 특히 활 솜씨가 뛰어났지요. 하지만 글공부도 게을리하지 않았어요.

뒤늦게 제대로 *무예를 배우기 시작한 이순신은 스무 살을 한참 넘긴 나이에 처음으로 *무과 시험을 보았어요. 그런데 무과 시험에서 이순신이 타고 달리던 말이 갑자기 넘어졌어요. 이순신도 쿵 하고 땅에 떨어졌지요.

'윽, 다리가 부러진 것 같군. 하지만 포기할 수는 없어.'

이순신은 아픔을 참고 끝까지 시험을 치렀지만 결과는 불합격이었어요.

이순신은 계속 도전해서 마침내 무과 시험에 합격했어요. 무관이 된 이순신은 정직하게 일했고, 법을 엄격하게 지켰어요.

"가까운 사이라고 벼슬을 올려 주면 안 됩니다."

정직한 성격 때문에 이순신은 많은 사람으로부터 미움을 받았지만 한편으로는 여러 사람에게 *인품과 능력을 인정받았어요.

세월이 흘러 1591년, 마침내 이순신은 전라도의 *수군을 책임지는 중요한 자리에 올랐어요. 이순신은 강한 수군을 만들기 위해 꼼꼼하게 준비했어요.

'외적이 처들어올지 모르는데 준비가 너무 부족하군.'

이순신은 외적의 침입에 대비해 병사들을 강하게 *훈련시켰어요. 또 무기와 배의 수를 늘리면서 차근차근 전쟁 준비를 했어요. 부하 나대용을 시켜 강력한 새 무기인 거북선도 만들어 냈지요.

인품
사람이 사람으로서 가지는 품격이나 됨됨이.

수군
조선 시대에 바다에서 국방과 치안을 맡아보던 군대.

훈련
일정한 목표나 기준에 도달할 수 있도록 계속 가르쳐서 익히게 하는 일.

질문똑똑 이순신은 어려서부터 어디에 뛰어났나요?
☑ 활쏘기 ☐ 말타기

질문똑똑 1591년 이순신은 어느 지역의 수군을 책임지게 되었나요?
☑ 전라도 ☐ 경상도

70

71

1592년, 일본군이 부산을 침략하면서 임진왜란이 시작되었어요. 전쟁에 대비하지 못했던 조선은 곧 망할 위기에 빠졌지요. 조선 왕인 선조는 북쪽으로 도망갔고 육지를 지키는 조선군은 일본군의 상대가 안 됐어요. 수많은 백성이 목숨을 잃었지요.

하지만 바다에서만은 이순신이 계속 일본 수군을 무찔렀어요. 옥포 *해전에서부터 시작해, 처음 거북선을 이끌고 나간 사천 해전, *학익진으로 유명한 한산도 해전에 이르기까지 계속해서 큰 승리를 거두었어요. 이제 일본군은 거북선만 봐도 벌벌 떨었지요.

"윽, 거북선이다. 이순신이다. 도망가라!"

바다에서 이순신에게 지고, 육지에서도 조선군의 *저항이 커지자 일본군은 조선에서 슬쩍 물러나려 했어요. 하지만 전쟁이 완전히 끝난 것은 아니었지요.

해전
바다에서 벌이는 싸움.

학익진
학이 날개를 편 듯이 군사와 배를 배치하는 방법.

저항
어떤 힘이나 조건에 굴하지 않고 거역하거나 버티는 것.

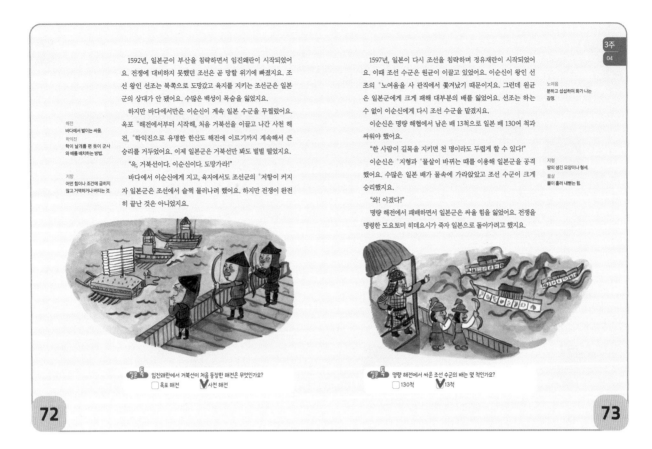

임진왜란에서 거북선이 처음 등장한 해전은 무엇인가요?
☐ 옥포 해전　✔ 사천 해전

72

1597년, 일본이 다시 조선을 침략하며 정유재란이 시작되었어요. 이때 조선 수군은 원균이 이끌고 있었어요. 이순신이 왕인 선조의 *노여움을 사 관직에서 쫓겨났기 때문이지요. 그런데 원균은 일본군에게 크게 패해 대부분의 배를 잃었어요. 선조는 하는 수 없이 이순신에게 다시 조선 수군을 맡겼지요.

이순신은 명량 해협에서 남은 배 13척으로 일본 배 130여 척과 싸워야 했어요.

"한 사람이 길목을 지키면 천 명이라도 두렵게 할 수 있다!"

이순신은 *지형과 *물살이 바뀌는 때를 이용해 일본군을 공격했어요. 수많은 일본 배가 물속에 가라앉았고 조선 수군이 크게 승리했지요.

"와! 이겼다!"

명량 해전에서 패배하면서 일본군은 싸울 힘을 잃었어요. 전쟁을 명령한 도요토미 히데요시가 죽자 일본으로 돌아가려고 했지요.

노여움
분하고 섭섭하여 화가 나는 감정.

지형
땅의 생긴 모양이나 형세.

물살
물이 흘러 내뻗는 힘.

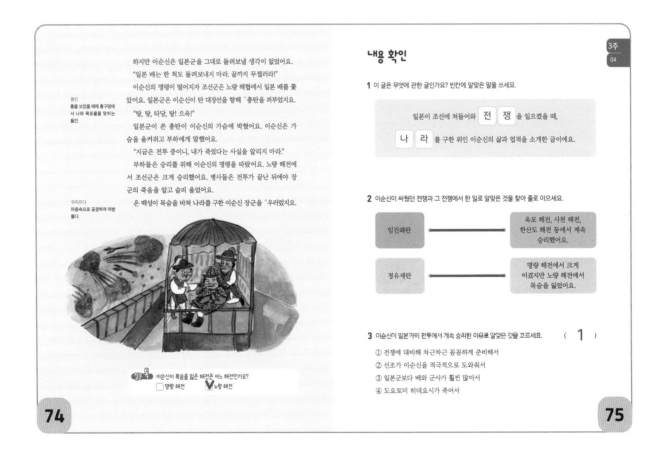

명량 해전에서 싸운 조선 수군의 배는 몇 척인가요?
☐ 130척　✔ 13척

73

읽은 후

주제 다지기

내용
● 글의 내용이 바르게 쓰여 있는 배를 따라 줄을 그어 거북선까지 가는 길을 찾으세요.

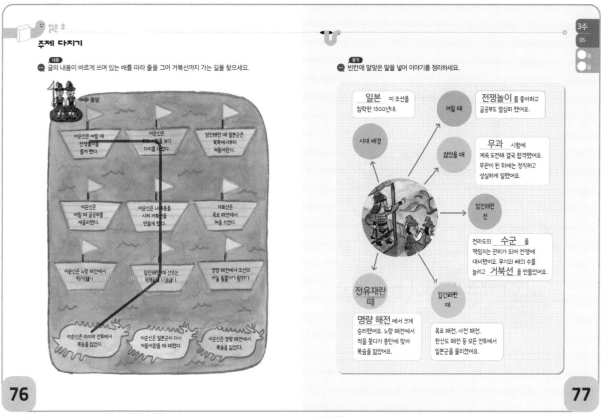

76

도움말 글의 세부 내용을 파악하는 문제입니다. 내용이 잘 떠오르지 않으면, 글을 다시 한번 찬찬히 살펴보게 해 주세요.

붙이기
● 빈칸에 알맞은 말을 넣어 이야기를 정리하세요.

일본 이 조선을 침략한 1500년대.

시대 배경

어릴 때 — **전쟁놀이** 를 좋아하고 글공부도 열심히 했어요.

젊었을 때 — **무과** 시험에 계속 도전해 결국 합격했어요. 무관이 된 뒤에는 정직하고 성실하게 일했어요.

임진왜란 전 — 전라도의 **수군** 을 책임지는 관리가 되어 전쟁에 대비했어요. 무기와 배의 수를 늘리고 **거북선** 을 만들었어요.

임진왜란 때 — 옥포 해전, 사천 해전, 한산도 해전 등 모든 전투에서 일본군을 물리쳤어요.

정유재란 때 — **명량 해전** 에서 크게 승리했어요. 노량 해전에서 적을 쫓다가 총탄에 맞아 목숨을 잃었어요.

77

도움말 글을 도식화하여 요약 정리해 보는 문제입니다. 내용이 기억나지 않으면 글을 다시 읽어 보면서 알맞은 내용을 쓰도록 지도해 주세요.

읽은 후

생각 글쓰기

● 친구들이 이순신 장군에게서 본받을 점에 대해 이야기하고 있어요. 나는 어떤 점을 본받고 싶은지 생각나는 대로 쓰세요.

78

도움말 이순신 장군에게 본받을 점을 생각해 봅니다. 무엇이든 자유롭게 쓰게 해 주시고, 여러 가지를 생각하면, 더욱 격려해 주세요.

● 이순신 장군에게 하고 싶은 말을 쓴 쪽지예요. 이순신 장군에게 전하고 싶은 말을 빈칸에 쓰세요.

예 장군님은 늘 철저히 준비한 뒤에 전투에 나섰다면서요? 저도 앞으로 무슨 일이든 단단히 준비하려 해요. 지켜봐 주세요.
이훈 올림.

79

도움말 이순신에 대한 전기를 읽거나 다른 방법으로 알게 된 것을 토대로, 이순신 장군에게 하고 싶은 말을 자유롭게 써 봅니다. 생각나는 대로 편하게 쓰게 해 주세요.

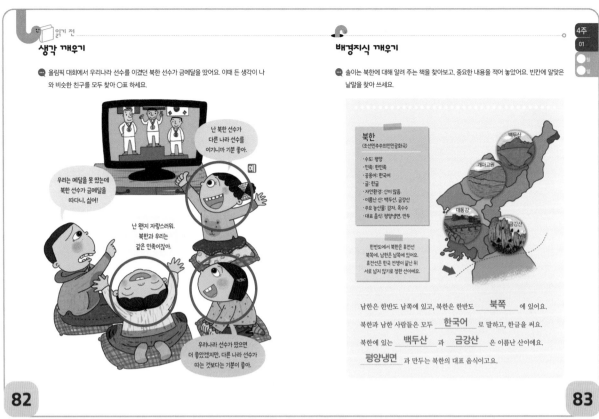

생각 깨우기

💬 올림픽 대회에서 우리나라 선수를 이겼던 북한 선수가 금메달을 땄어요. 이때 든 생각이 나와 비슷한 친구를 모두 찾아 ○표 하세요.

배경지식 깨우기

💬 솔이는 북한에 대해 알려 주는 책을 찾아보고, 중요한 내용을 적어 놓았어요. 빈칸에 알맞은 낱말을 찾아 쓰세요.

남한은 한반도 남쪽에 있고, 북한은 한반도   북쪽   에 있어요.

북한과 남한 사람들은 모두   한국어   로 말하고, 한글을 써요.

북한에 있는   백두산   과   금강산   은 이름난 산이에요.

 평양냉면   과 만두는 북한의 대표 음식이고요.

도움말 북한을 어떻게 생각하고 있는지 알아보는 열린 문제입니다. 자신의 생각과 같은 것을 모두 찾고, 혹시 다른 생각이 있다면 생각나는 대로 더 말해 보게 해 주세요.

도움말 북한에 대한 객관적인 정보들을 보고, 북한에 대한 배경지식을 갖도록 합니다. 제시된 글을 보고, 답하게 해 주세요. 백두산과 금강산은 순서를 바꾸어 써도 됩니다.

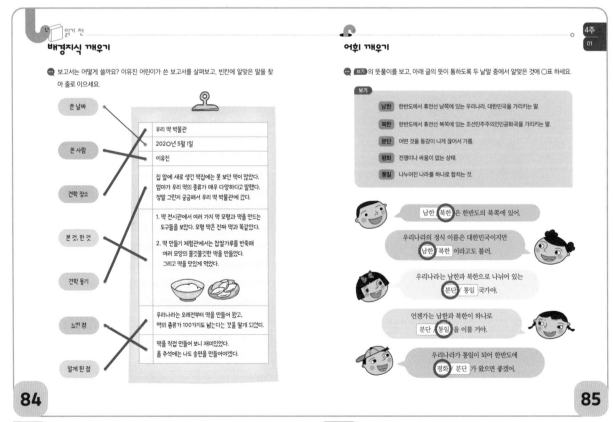

배경지식 깨우기

💬 보고서는 어떻게 쓸까요? 이유진 어린이가 쓴 보고서를 살펴보고, 빈칸에 알맞은 말을 찾아 줄로 이으세요.

쓴 날짜 / 쓴 사람 / 견학 장소 / 본 것, 한 것 / 견학 동기 / 느낀 점 / 알게 된 점

우리 떡 박물관
2020년 5월 1일
이유진

집 앞에 새로 생긴 떡집에는 못 보던 떡이 많았다. 엄마가 우리 떡의 종류가 매우 다양하다고 말했다. 정말 그런지 궁금해서 우리 떡 박물관에 갔다.

1. 떡 전시관에서 여러 가지 떡 모형과 떡을 만드는 도구들을 보았다. 모형 떡은 진짜 떡과 똑같았다.

2. 떡 만들기 체험관에서는 찹쌀가루를 반죽해 여러 모양의 쫄깃쫄깃한 떡을 만들었다. 그리고 떡을 맛있게 먹었다.

우리나라는 오래전부터 떡을 만들어 왔고, 떡의 종류가 100가지도 넘는다는 것을 알게 되었다.

떡을 직접 만들어 보니 재미있었다. 올 추석에는 나도 송편을 만들어야겠다.

어휘 깨우기

💬 보기 의 뜻풀이를 보고, 아래 글의 뜻이 통하도록 두 낱말 중에서 알맞은 것에 ○표 하세요.

보기

남한 한반도에서 휴전선 남쪽에 있는 우리나라. 대한민국을 가리키는 말.

북한 한반도에서 휴전선 북쪽에 있는 조선민주주의인민공화국을 가리키는 말.

분단 어떤 것을 동강이 나게 끊어서 가름.

평화 전쟁이나 싸움이 없는 상태.

통일 나누어진 나라를 하나로 합치는 것.

남한 (북한)은 한반도의 북쪽에 있어.

우리나라의 정식 이름은 대한민국이지만 (남한) 북한 이라고도 불러.

우리나라는 남한과 북한으로 나뉘어 있는 (분단) 통일 국가야.

언젠가는 남한과 북한이 하나로 분단 (통일)을 이룰 거야.

우리나라가 통일이 되어 한반도에 (평화) 분단 가 왔으면 좋겠어.

도움말 왼쪽에 있는 항목과 오른쪽의 내용을 연결하면서 보고서의 형식을 자연스럽게 익힙니다.

도움말 <보기>의 낱말과 뜻풀이를 보고, 문장 속에서 어떻게 쓰이는지 알아보는 문제입니다.

*북한 어린이 생활 *탐구 보고서

북한
한반도 *휴전선 북쪽에 있는 조선민주주의인민공화국.

탐구
학문이나 진리 등을 깊이 파고들어 연구하는 일.

동기
어떤 일이나 행동을 일으키게 하는 결정적인 원인이나 기회.

남한
한반도에서 휴전선 남쪽에 있는 우리나라, 대한민국.

탐구한 사람 빛나 초등학교 1학년 김솔
탐구 주제 북한 어린이는 어떻게 지낼까?

탐구 *동기

지난 토요일 텔레비전에서 *남한과 북한 어린이가 만나는 프로그램을 보았다. 같이 한국어를 쓰고, 한글을 사용하는 모습을 보니 신기했다. 같은 민족인데도 북한에 대해 모르는 것이 참 많다는 생각이 들었다. 그래서 북한 어린이의 생활에 대해 알아보기로 했다.

탐구를 통하여 알고 싶은 것

1 북한 어린이는 학교에서 어떻게 지낼까?
2. 북한 어린이는 학교가 끝나면 무엇을 할까?
3. 북한 어린이는 어떤 음식을 먹을까?
4. 북한에도 어린이날이 있을까?

탐구 방법

1. 북한 어린이의 생활에 대한 책을 찾아본다.
2. 북한의 생활을 소개하는 텔레비전 프로그램을 본다.
3. 인터넷으로 북한 어린이의 생활에 대해 검색한다.
4. 탈북 어린이의 인터뷰를 찾아본다.

질문 톡 북한에서 주로 사용하는 말은 무엇인가요?
□ 중국어　☑ 한국어

질문 톡 탐구를 통해 알아보려는 대상은 누구인가요?
☑ 북한 어린이　□ 북한 청소년

탐구 결과

1. 북한 어린이는 학교에서 어떻게 지낼까?

북한에도 우리나라처럼 초등학교가 있는데, 소학교라고 부른다. 북한 어린이는 등교할 때 친구들과 줄을 맞춰 선 뒤 노래를 부르며 학교까지 걸어간다. 수업이 끝나면 다시 무리 지어서 집으로 온다. 북한의 학교에도 여름 방학과 겨울 방학이 있다. 그리고 일 년에 두 번 소풍을 가는데, 이를 들모임이라고 부른다.

방과
학교에서 그날 하루에 하도록 정해진 과정이 끝나거나 끝낸 것

2. 북한 어린이는 학교가 끝나면 무엇을 할까?

북한에는 학원이 없다. 대신 *방과 후에는 학교에서 일을 하거나 농사일을 돕는다. 친구들과 놀 때는 숨바꼭질, 고무줄놀이, 술래잡기 등을 한다. 집에서는 텔레비전으로 만화 영화를 본다. 집집마다 컴퓨터가 있지 않으므로 컴퓨터 게임은 잘 하지 않는다.

3. 북한 어린이는 어떤 음식을 먹을까?

북한 어린이도 밥에 김치를 주로 먹는다. 하지만 북한은 *식량이 부족해서 쌀밥 대신 옥수수, 콩, 밀 따위가 섞인 잡곡밥을 먹는다. 외식을 할 때는 주로 냉면을 먹는다. 남한에서도 많이 먹는 평양냉면이다. 수도인 평양에 사는 어린이나 부잣집 어린이는 도넛, 카스텔라, 주스 등 다양한 간식을 먹는다. 하지만 대부분의 북한 어린이는 옥수수 알갱이를 구워 먹고, 만두를 먹는다.

식량
사람이 살아가기 위해 필요한 먹을거리

4. 북한에도 어린이날이 있을까?

북한은 6월 1일 *국제 아동절을 어린이날처럼 지내지만, 남한처럼 *공휴일은 아니다. 국제 아동절에는 유치원과 학교에 모여 노래하고 춤추고, 체육 대회를 한다. 그러나 엄마, 아빠는 일하러 가서 자녀와 함께 있지 못한다.

국제
여러 나라와 관계되는 것
공휴일
나라나 사회에서 정하여 다 함께 쉬는 날.

질문 톡 북한 초등학교의 소풍은 뭐라고 부르나요?
☑ 들모임　□ 현장 체험

질문 톡 북한 사람이 외식으로 주로 먹는 것은 무엇인가요?
□ 카스텔라　☑ 평양냉면

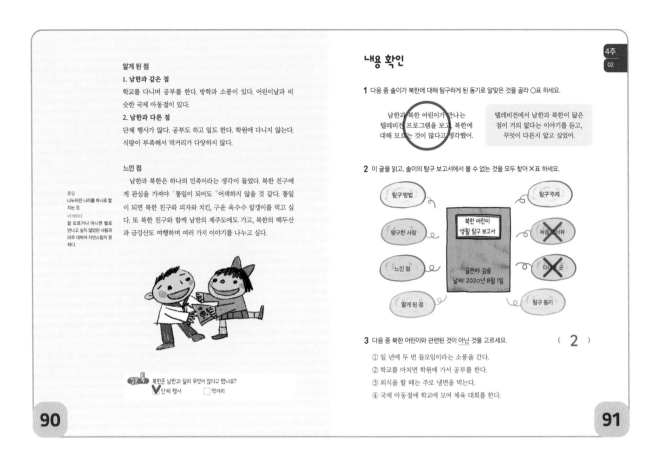

알게 된 점

1. 남한과 같은 점
학교를 다니며 공부를 한다. 방학과 소풍이 있다. 어린이날과 비슷한 국제 아동절이 있다.

2. 남한과 다른 점
단체 행사가 많다. 공부도 하고 일도 한다. 학원에 다니지 않는다. 식량이 부족해서 먹거리가 다양하지 않다.

느낀 점
　남한과 북한은 하나의 민족이라는 생각이 들었다. 북한 친구에게 관심을 가져야 "통일이 되어도" 어색하지 않을 것 같다. 통일이 되면 북한 친구와 피자와 치킨, 구운 옥수수 알갱이를 먹고 싶다. 또 북한 친구와 함께 남한의 제주도에도 가고, 북한의 백두산과 금강산도 여행하며 여러 가지 이야기를 나누고 싶다.

통일
나누어진 나라를 하나로 합치는 것.
어색하다
잘 모르거나 아니면 별로 만나고 싶지 않았던 사람과 마주 대하여 자연스럽지 못하다.

북한은 남한과 달리 무엇이 많다고 했나요?
☑ 단체 행사　　□ 먹거리

90

내용 확인

1 다음 중 솔이가 북한에 대해 탐구하게 된 동기로 알맞은 것을 골라 ○표 하세요.

남한과 북한 어린이가 만나는 텔레비전 프로그램을 보고, 북한에 대해 모르는 것이 많다고 생각했어.

텔레비전에서 남한과 북한이 닮은 점이 거의 없다는 이야기를 듣고, 무엇이 다른지 알고 싶었어.

2 이 글을 읽고, 솔이의 탐구 보고서에서 볼 수 없는 것을 모두 찾아 ✕표 하세요.

탐구 방법　　탐구 주제
탐구한 사람　　녹음 인터뷰 ✕
느낀 점　　다녀온 곳 ✕
알게 된 점　　탐구 동기

북한 어린이 생활 탐구 보고서
글쓴이: 김솔
날짜: 2020년 8월 1일

3 다음 중 북한 어린이와 관련된 것이 **아닌** 것을 고르세요. 　(2)
① 일 년에 두 번 들모임이라는 소풍을 간다.
② 학교를 마치면 학원에 가서 공부를 한다.
③ 외식을 할 때는 주로 냉면을 먹는다.
④ 국제 아동절에 학교에 모여 체육 대회를 한다.

91

읽은 후
주제 다지기

정보
솔이가 도서관에 가려고 해요. 보고서의 내용이 바르게 쓰여 있는 푯말을 따라 줄을 그어 길을 찾으세요.

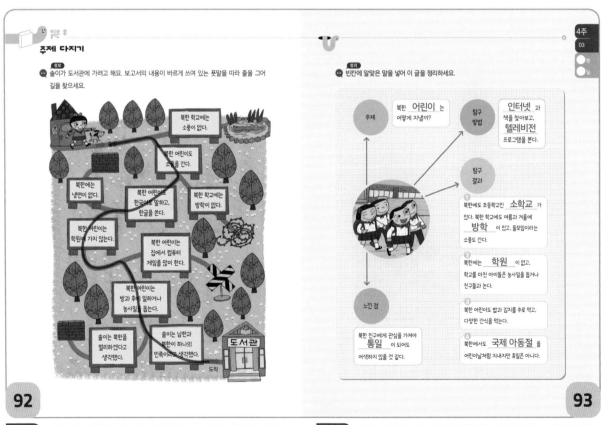

북한 학교에는 소풍이 없다.
북한 어린이도 소풍을 간다.
북한에는 냉면이 없다.
북한 어린이도 한국어로 말하고, 한글을 쓴다.
북한 학교에는 방학이 없다.
북한 어린이는 학원에 가지 않는다.
북한 어린이는 집에서 컴퓨터 게임을 많이 한다.
북한 어린이는 방과 후에 일하거나 농사일을 돕는다.
솔이는 북한을 멀리하겠다고 생각했다.
솔이는 남한과 북한이 하나의 민족이라고 생각했다.

도서관　도착

92

정리
빈칸에 알맞은 말을 넣어 이 글을 정리하세요.

주제
북한 어린이 는 어떻게 지낼까?

탐구 방법
인터넷 과 책을 찾아보고, 텔레비전 프로그램을 본다.

탐구 결과
① 북한에도 초등학교인 소학교 가 있다. 북한에도 여름과 겨울에 방학 이 있고, 들모임이라는 소풍도 간다.

북한에는 학원 이 없고, 학교를 마친 아이들은 농사일을 돕거나 친구들과 논다.

북한 어린이도 밥과 김치를 주로 먹고, 다양한 간식을 먹는다.

북한에서도 국제 아동절 을 어린이날처럼 지내지만 휴일은 아니다.

느낀 점
북한 친구에게 관심을 가져야 통일 이 되어도 어색하지 않을 것 같다.

93

도움말 보고서의 내용을 파악하는 문제입니다. 자세한 내용이 기억나지 않으면 다시 읽어 보고 확인하도록 해 주세요.

도움말 글을 도식화하여 요약 정리해 보는 문제입니다. 내용이 기억나지 않으면 글을 다시 읽어 보면서 알맞은 내용을 쓰도록 지도해 주세요.

생각 글쓰기

솔이의 보고서를 읽고, 북한과 남한의 같은 점과 다른 점을 정리하려고 해요. 빈칸에 생각나는 것을 더 쓰세요.

솔이는 북한 친구와 하고 싶은 일을 쓰고 그렸어요. 북한 친구와 함께하고 싶은 일을 쓰고 그리세요.

북한 어린이들의 생활

남한과 같은 점
1. 한국어로 말하고, 한글을 써요.
2. 학교에 다녀요.
3. 텔레비전으로 만화 영화를 봐요.
예 4. 방학이 있어요.
5. 소풍을 가요.
6. 밥과 김치를 주로 먹어요.

남한과 다른 점
1. 학교에서 단체 행사가 많아요.
2. 학교에서 방과 후에 일을 해요.
3. 집에 컴퓨터가 별로 없어요.
예 4. 학원에 다니지 않아요.
5. 보통 아이들은 다양한 간식을 먹을 수 없어요.
6. 등교할 때는 무리 지어서 학교로 걸어가요.

나는 북한 친구와 함께 피자와 치킨을 먹고 싶다.

예 그림 생략

예 나는 북한 친구와 함께 놀이공원에 가서 신나게 놀고 싶다.

94

95

도움말 남한과 북한의 같은 점과 다른 점을 비교하는 문제입니다. 보고서의 내용을 자연스럽게 정리하는 활동입니다.

도움말 북한 친구와 하고 싶은 일을 쓰고 그리는 활동입니다. 예를 들어 "나는 북한 친구와 함께 집에서 컴퓨터 게임을 하고 싶다."처럼 사소한 내용도 자유롭게 쓰고 그리게 해 주세요.

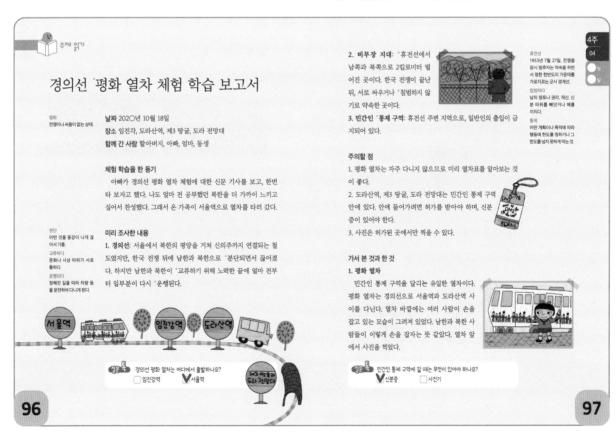

주제 읽기

경의선 *평화 열차 체험 학습 보고서

평화
전쟁이나 싸움이 없는 상태.

날짜 2020○년 10월 18일
장소 임진각, 도라산역, 제3 땅굴, 도라 전망대
함께 간 사람 할아버지, 아빠, 엄마, 동생

체험 학습을 한 동기
　아빠가 경의선 평화 열차 체험에 대한 신문 기사를 보고, 한번 타 보자고 했다. 나도 얼마 전 공부했던 북한을 더 가까이 느끼고 싶어서 찬성했다. 그래서 온 가족이 서울역으로 열차를 타러 갔다.

분단
어떤 것을 동강이 나게 끊어서 가름.

교류하다
문화나 사상 따위가 서로 통하다.

운행되다
정해진 길을 따라 차량 등을 운행하여 다니게 되다.

미리 조사한 내용
1. **경의선**: 서울에서 북한의 평양을 거쳐 신의주까지 연결되는 철도였지만, 한국 전쟁 뒤에 남한과 북한이 *분단되면서 끊어졌다. 하지만 남한과 북한이 *교류하기 위해 노력한 끝에 얼마 전부터 일부분이 다시 *운행된다.

서울역　임진강역　도라산역

경의선 평화 열차는 어디에서 출발하나요?
☐ 임진강역　☑ 서울역

2. **비무장 지대**: *휴전선에서 남쪽과 북쪽으로 2킬로미터 떨어진 곳이다. 한국 전쟁이 끝난 뒤, 서로 싸우거나 *침범하지 않기로 약속한 곳이다.
3. **민간인 *통제 구역**: 휴전선 주변 지역으로, 일반인의 출입이 금지되어 있다.

휴전선
1953년 7월 27일, 전쟁을 잠시 멈추자는 약속을 하면서 정한 한반도의 가운데를 가로지르는 군사 경계선.

침범하다
남의 영토나 권리, 재산, 신분 따위를 빼앗거나 해를 끼치다.

통제
어떤 계획이나 목적에 따라 행동에 한도를 정하거나 그 한도를 넘지 못하게 막는 것.

주의할 점
1. 평화 열차는 자주 다니지 않으므로 미리 열차표를 알아보는 것이 좋다.
2. 도라산역, 제3 땅굴, 도라 전망대는 민간인 통제 구역 안에 있다. 안에 들어가려면 허가를 받아야 하며, 신분증이 있어야 한다.
3. 사진은 허가된 곳에서만 찍을 수 있다.

가서 본 것과 한 것
1. **평화 열차**
　민간인 통제 구역을 달리는 유일한 열차이다. 평화 열차는 경의선으로 서울역과 도라산역 사이를 다닌다. 열차 바깥에는 여러 사람이 손을 잡고 있는 모습이 그려져 있었다. 남한과 북한 사람들이 이렇게 손을 잡자는 뜻 같았다. 열차 앞에서 사진을 찍었다.

민간인 통제 구역에 갈 때는 무엇이 있어야 하나요?
☑ 신분증　☐ 사진기

96

97

2. 임진각

휴전선과 가깝고, 남한과 북한을 잇는 철도가 끊어진 곳에 세워진 건물이다. 그래서 북쪽에 고향을 두고 온 사람들은 명절에나 고향이 생각날 때 이곳에서 고향 땅이 있는 북쪽을 바라본다. 나는 북한의 생활을 보여 주는 전시실을 둘러보고 전망대에 올라가 임진강과 자유의 다리를 내려다보았다.

3. 자유의 다리

임진강을 건너는 다리로, 건너편이 북한이다. 한국 전쟁에서 잡혀간 1만여 명의 *포로가 1953년, 이 다리를 건너서 돌아왔다. 나는 다리 끝에 붙어 있는 편지들을 보았다. 북한 사람에게 하고 싶은 말이나 통일이 되기를 바라는 글이 많았다. 나는 북한 어린이에게 보내는 편지를 쓰고, 통일이 되기를 기도했다.

*포로
전쟁에서 사로잡은 적.

4. 부서진 기차

한국 전쟁 때 부서진 기차를 보았다. 기차에는 실제 총탄 자국이 남아 있어 전쟁의 끔찍함을 느낄 수 있었다.

질문톡 자유의 다리 끝에는 무엇이 붙어 있나요?
□ 기차 　☑ 편지

5. 도라산역

남한의 가장 마지막 역이자, 북한으로 가는 첫 번째 역이다. 역 안에 들어가자 '평양 *방면'이라고 쓰인 표지판이 있었다. 열차표를 사면 당장 평양까지 갈 수 있을 것 같아 한참 동안 표지판을 바라보았다.

*방면
어떤 장소나 지역이 있는 방향 또는 그 주변.

6. 제3 땅굴

북한이 판 땅굴로, 1978년에 발견되었다. 나는 안전모를 쓰고 조심조심 걸었는데, 천장이 낮고 바닥이 *가파른 곳이 있어서 힘들었다.

*가파르다
산이나 길이 몹시 기울어져 있다.

질문톡 도라산역에는 어느 방면이라고 쓰인 표지판이 있었나요?
□ 서울 　☑ 평양

7. 도라 전망대

도라 전망대는 북한 땅을 가장 가까이에서 볼 수 있는 곳이다. 전망대에는 망원경 수십 개가 있었다. 망원경으로 북쪽을 보니 건물과 차, 그리고 북한 군인이 보였다. 아빠가 저기가 개성이라고 말씀하셨다. 북한이 이렇게 가까운 곳에 있어서 깜짝 놀랐다.

느낀 점

제3 땅굴을 보았을 때는 북한이 좀 무서웠다. 통일이 되려면 남한과 북한이 다 함께 노력해야겠다는 생각이 들었다. 하지만 우리는 같은 민족이니 어서 통일이 되어 남한과 북한이 자유롭게 오가면 좋겠다. 기차를 타고 북한도 여행하고, 중국, 러시아, 유럽까지 여행한다면 정말 신날 것이다.

질문톡 솔이는 무엇을 보고, 북한이 무섭다고 느꼈나요?
□ 임진각 　☑ 제3 땅굴

내용 확인

1 다음 중 솔이 가족이 탄 경의선 평화 열차로 알맞은 것에 ○표 하세요.

2 민간인 통제 구역 안에 들어가려면 허가를 받고, 이것을 챙겨야 한다고 했어요. 무엇인지 이 글에서 찾아 쓰세요.

신　분　증

3 이 글의 내용과 맞으면 ○표, 틀리면 ✕표 하세요.

솔이는 체험 학습을 하기 전에 미리 여러 가지를 조사했어요.	○
평화 열차는 자주 다니기 때문에 언제든 탈 수 있어요.	✕
자유의 다리에는 통일을 바라는 편지가 많이 붙어 있었어요.	○
북한은 너무 멀어서 도라 전망대에서도 잘 보이지 않았어요.	✕

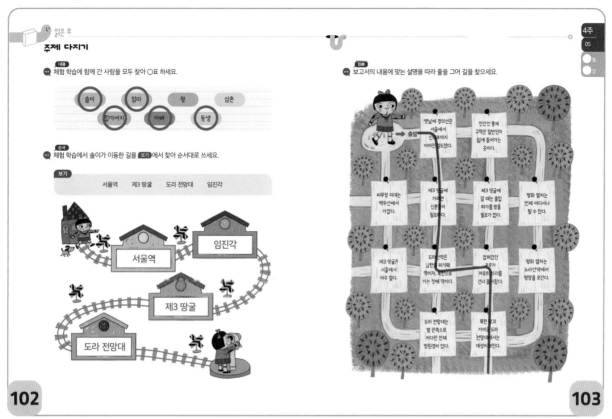

도움말 보고서를 보고, 함께 간 사람을 찾는 문제입니다.

도움말 철길 모양은 이동한 길을 나타내는 장식 그림이므로 버스를 타고 도착한 곳도 포함시켜 주세요.

도움말 보고서에 있는 내용을 상세하게 알아봅니다. 기억이 잘 나지 않으면 다시 읽어 보면서 맞는 내용을 찾도록 지도해 주세요.

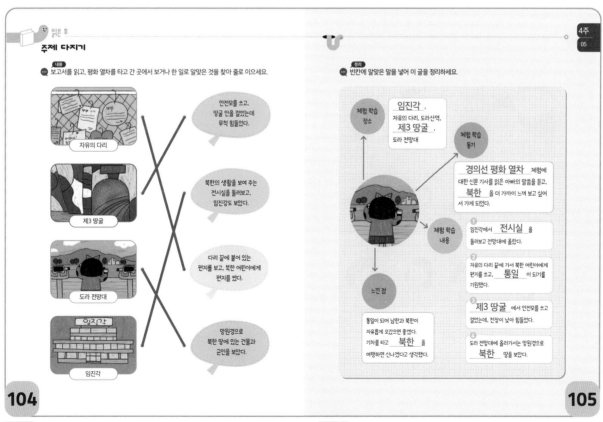

도움말 체험 보고서에서 중요한 내용 중 하나인 본 것과 한 일을 장소와 연결해 알아봅니다.

도움말 글을 도식화하여 요약 정리해 보는 문제입니다. 내용이 기억나지 않으면 글을 다시 읽어 보면서 알맞은 내용을 쓰도록 지도해 주세요.

생각 글쓰기

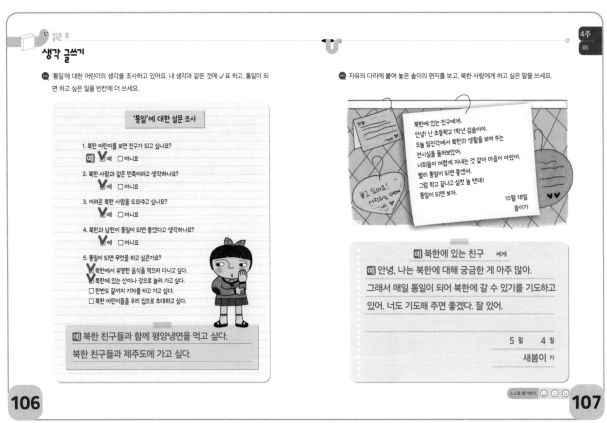

도움말 자신의 생각을 나타내고, 쓰는 열린 문제입니다. 1~4번까지 부정적인 답을 했더라도 통일이 되면 하고 싶은 일을 써 보게 해 주세요.

도움말 평화 열차 체험에 대한 보고서를 읽고, 북한에 사는 친구에게 어떤 이야기를 하고 싶은지 자신의 느낌과 생각을 솔직하게 쓰게 해 주세요.

글쓰기 비법

어휘 +
소리는 같지만 뜻이 다른 낱말

도움말 문장의 맥락과 그림을 통해 소리는 같지만 뜻이 다른 낱말을 알아봅니다.

24

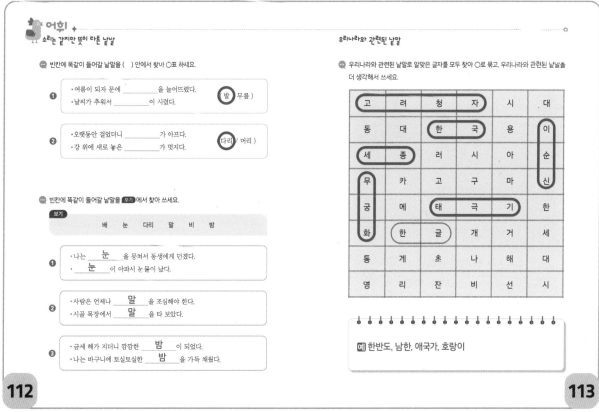

📝 빈칸에 똑같이 들어갈 낱말을 ( ) 안에서 찾아 ○표 하세요.

❶
- 여름이 되자 문에 _____ 을 늘어뜨렸다.
- 날씨가 추워서 _____ 이 시렸다.
(발 / 무릎)

❷
- 오랫동안 걸었더니 _____ 가 아프다.
- 강 위에 새로 놓은 _____ 가 멋지다.
(다리 / 머리)

📝 빈칸에 똑같이 들어갈 낱말을 보기에서 찾아 쓰세요.

보기
배 눈 다리 말 비 밤

❶
- 나는 __눈__ 을 뭉쳐서 동생에게 던졌다.
- __눈__ 이 아파서 눈물이 났다.

❷
- 사람은 언제나 __말__ 을 조심해야 한다.
- 시골 목장에서 __말__ 을 타 보았다.

❸
- 금세 해가 지더니 깜깜한 __밤__ 이 되었다.
- 나는 바구니에 토실토실한 __밤__ 을 가득 채웠다.

112

우리나라와 관련된 낱말

📝 우리나라와 관련된 낱말로 알맞은 글자를 모두 찾아 ○로 묶고, 우리나라와 관련된 낱말을 더 생각해서 쓰세요.

고	려	청	자	시	대
동	대	한	국	용	이
세	종	러	시	아	순
무	카	고	구	마	신
궁	메	태	극	기	한
화	한	글	개	거	세
동	게	초	나	해	대
영	리	잔	비	선	시

예 한반도, 남한, 애국가, 호랑이

113

도움말 문장의 빈칸에 공통으로 들어가는 낱말로, 소리는 같지만 뜻이 다른 낱말을 찾아봅니다.
도움말 문장을 보면서 소리는 같지만 뜻이 다른 낱말을 찾아봅니다.

도움말 우리나라를 상징하는 물건이나 위인, 자연환경, 음식, 발명품, 유물 등을 찾아서 묶어 봅니다. 이 밖에 한반도, 남한, 애국가, 호랑이 등도 우리나라와 관련된 낱말입니다.

📝 만화를 보고, 딸이 보낸 문자 메시지에서 무엇이 잘못되었는지 살펴보세요.

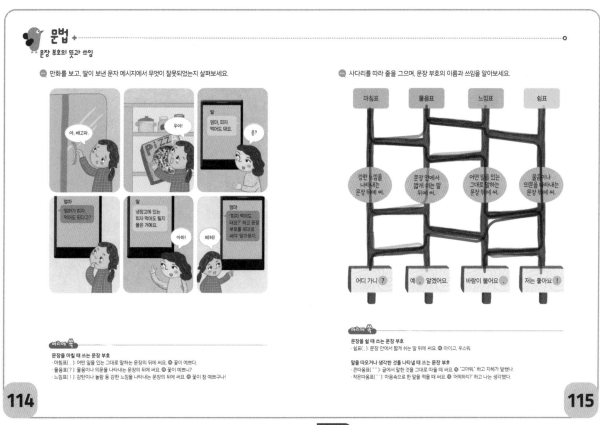

📝 사다리를 따라 줄을 그으며, 문장 부호의 이름과 쓰임을 알아보세요.

머리에 쏙
문장을 마칠 때 쓰는 문장 부호
· 마침표(.): 어떤 일을 있는 그대로 말하는 문장의 뒤에 써요. 예 꽃이 예쁘다.
· 물음표(?): 물음이나 의문을 나타내는 문장의 뒤에 써요. 예 꽃이 예쁘니?
· 느낌표(!): 감탄이나 놀람 등 강한 느낌을 나타내는 문장의 뒤에 써요. 예 꽃이 참 예쁘구나!

114

머리에 쏙
문장을 쓸 때 쓰는 문장 부호
· 쉼표(,): 문장 안에서 짧게 쉬는 말 뒤에 써요. 예 아이고, 우스워.
말을 따오거나 생각한 것을 나타낼 때 쓰는 문장 부호
· 큰따옴표(" "): 글에서 말한 것을 그대로 따올 때 써요. 예 "고마워." 하고 지혜가 말했다.
· 작은따옴표(' '): 마음속의 말을 적을 때 써요. 예 '어떡하지?' 하고 나는 생각했다.

115

도움말 사다리를 따라 내려가며 문장 부호의 이름, 쓰임, 생김새를 살펴보세요.

25

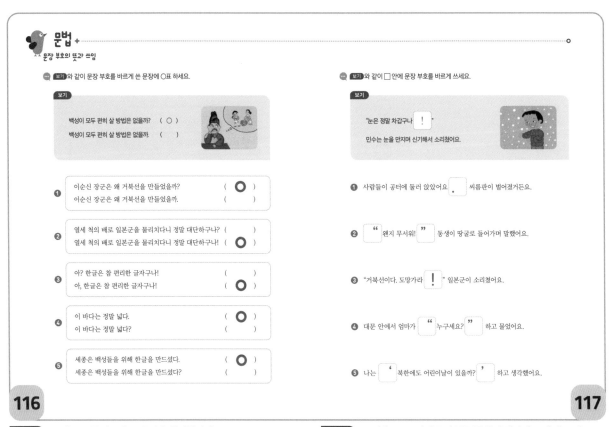

도움말 문장 부호를 바르게 쓴 문장을 찾아봅니다.

도움말 문장을 보고, 어떤 문장 부호를 쓸지 생각해 보게 해 주세요.

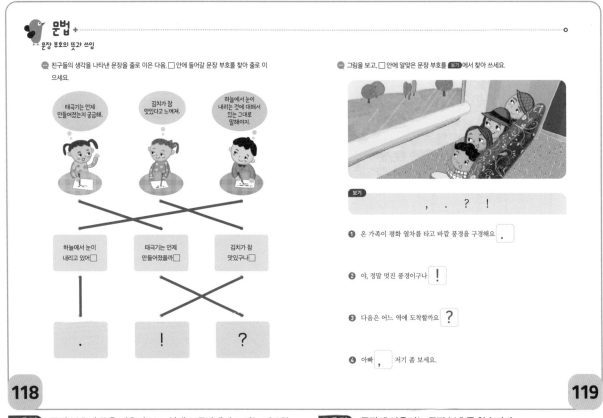

도움말 문장 부호의 뜻을 떠올려 보고 실제로 문장에서 쓰이는 경우와 문장 부호를 연결합니다.

도움말 문장에 어울리는 문장 부호를 찾습니다.

글쓰기 +
독서 감상문

글을 읽고, 이 글에 대하여 바르게 말한 친구를 모두 찾아 ○표 하세요.

《팔만대장경은 누가 만들었을까?》를 읽고

《팔만대장경은 누가 만들었을까?》라는 책을 읽었다. 학급 문고에서 책을 보고 팔만대장경이 무엇인지 궁금해서 읽었다.

팔만대장경은 수많은 사람이 힘을 모아 만들었다. 나 같은 꼬마도 대장경을 나르는 데 힘을 보탰다. 경판의 수가 팔만 개가 넘었다니 얼마나 힘들었을까? 그래도 옛 사람들은 나라를 지키려고 열심히 일했다.

이 책을 읽고, 고려 시대에 부처의 힘으로 외적을 물리치기 위해 팔만대장경을 만들었다는 것을 알게 되었다. 그리고 아무리 어려워도 힘을 합하면 못 할 일이 없다는 것을 깨달았다.

- 책의 내용을 썼어요.
- 책을 쓴 사람에 대해 썼어요.
- 자신의 생각이나 느낌을 썼어요.
- 무엇을 깨달았는지 썼어요.

머리에 쏙
이 글은 독서 감상문이에요. **독서 감상문**은 책을 읽고 난 뒤에 드는 생각이나 느낌을 쓴 글이에요.

120

독서 감상문에 들어갈 내용을 모두 찾아 ( ) 안에 ○표 하세요.

① 책의 제목 ( )
② 책의 내용(줄거리) (○)
③ 책을 읽은 장소 ( )
④ 책을 읽게 된 까닭 (○)
⑤ 책을 읽고 난 뒤에 드는 생각이나 느낌 (○)
⑥ 책을 읽고 알거나 깨달은 점 (○)

책을 읽은 장소는 독서 감상문에 을 필요가 없는 내용이에요.

독서 감상문을 더 잘 쓴 아이에게 ○ 하세요.

- 나는 책의 줄거리만 간추려서 썼어.
- 나는 책에 대한 생각이나 느낌을 많이 썼어.

독서 감상문에는 생각이나 느낌을 많이 쓰는 것이 좋아요.

머리에 쏙
독서 감상문에는 책의 제목, 책에 대한 정보, 책을 읽은 까닭, 줄거리, 책을 읽고 느끼거나 생각한 점 등을 써요. 특히 생각이나 느낌을 자세히 쓰는 게 좋아요.

121

도움말 독서 감상문에 들어갈 내용을 알아봅니다.

도움말 독서 감상문에 들어갈 요소를 따져 봅니다.

글쓰기 +
독서 감상문

독서 감상문의 제목을 어떤 방법으로 썼는지 알맞은 것을 찾아 줄로 이으세요.

- 《팔만대장경은 누가 만들었을까?》를 읽고
- 나라를 지킨 팔만대장경 -《팔만대장경은 누가 만들었을까?》를 읽고

제목은 책의 제목을 그대로 써도 되고, 책에서 기억에 남는 내용을 따서 써도 돼요.

- 책의 제목을 넣어 '~를 읽고'와 같은 형식으로 씀.
- 책 내용에서 중요한 점을 쓰고, '~를 읽고'를 아래에 덧붙임.

독서 감상문에 들어가는 '책의 내용'과 '생각이나 느낌'에는 각각 어떤 내용을 써야 하는지 알맞은 것을 찾아 줄로 이으세요.

- 책의 내용
- 생각이나 느낌

- 인물이 한 일에 대한 생각이나 느낌. 책을 읽고 알거나 깨달은 점.
- 책 속의 인물이 한 일. 책의 내용을 간추린 것.

122

다음은 독서 감상문의 앞부분이에요. 각각 어떤 형식으로 쓴 것인지 빈칸에 알맞은 말을 쓰세요.

(가)
2020○년 3월 6일 수요일   날씨: 봄비 내림
《팔만대장경은 누가 만들었을까?》를 읽고
《팔만대장경은 누가 만들었을까?》를 읽었다. 이 책을 읽고 얼마나 많은 사람이 팔만대장경을 만드는 데 힘을 보냈는지를 알게 되었다.

(나)
팔만대장경을 만드신 분들께
안녕하세요? 저는 사랑 초등학교 2학년 이서윤이에요.
대장경을 만드느라 힘드셨죠? 그래도 많은 분이 힘을 합쳤기 때문에 팔만 개가 넘는 경판을 만들 수 있었을 거예요.

(가) 는 일기 형식으로 썼고, (나) 는 편지 형식으로 썼다.

요즘 읽은 책 중에서 기억에 남는 책 제목을 쓰세요.
예 우리 한옥

책을 읽은 뒤 생각하거나 느낀 점을 쓰세요.
예 한옥이 참 멋있다는 생각이 들었고, 나중에 한옥에 살고 싶다고 생각했다.

독서 감상문은 일반적인 독서 감상문 형식 외에도 일기, 동시, 주인공에게 쓰는 편지, 친구에게 책을 권하는 편지 등 여러 가지 형식으로 쓸 수 있어요. 그림이나 만화로 표현할 수도 있지요.

123

도움말 독서 감상문의 형식에 대해 알아봅니다.

도움말 독서 감상문은 다양한 형식으로 쓰는 게 좋다는 것을 알려 주고, 느낌을 자세히 쓰게 해 주세요.

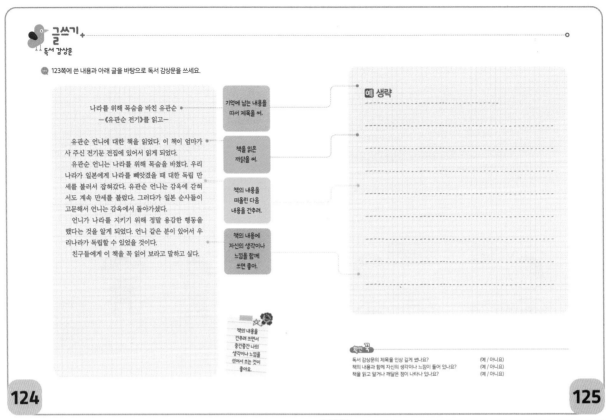

글쓰기
독서 감상문

123쪽에 쓴 내용과 아래 글을 바탕으로 독서 감상문을 쓰세요.

나라를 위해 목숨을 바친 유관순
—《유관순 전기》를 읽고—

유관순 언니에 대한 책을 읽었다. 이 책이 엄마가 사 주신 전기문 전집에 있어서 읽게 되었다.

유관순 언니는 나라를 위해 목숨을 바쳤다. 우리나라가 일본에게 나라를 빼앗겼을 때 대한 독립 만세를 불러서 잡혀갔다. 유관순 언니는 감옥에 갇혀서도 계속 만세를 불렀다. 그러다가 일본 순사들이 고문해서 언니는 감옥에서 돌아가셨다.

언니가 나라를 지키기 위해 정말 용감한 행동을 했다는 것을 알게 되었다. 언니 같은 분이 있어서 우리나라가 독립할 수 있었을 것이다.

친구들에게 이 책을 꼭 읽어 보라고 말하고 싶다.

> 기억에 남는 내용을 따서 제목을 써.

> 책을 읽은 까닭을 써.

> 책의 내용을 떠올린 다음 내용을 간추려.

> 책의 내용에 자신의 생각이나 느낌을 함께 쓰면 좋아.

책의 내용을 간추려 쓰면서 중간중간 나의 생각이나 느낌을 섞어서 쓰는 것이 좋아요.

예 생략

확인 꾹

독서 감상문의 제목을 인상 깊게 썼나요? (예 / 아니요)
책의 내용과 함께 자신의 생각이나 느낌이 들어 있나요? (예 / 아니요)
책을 읽고 알거나 깨달은 점이 나타나 있나요? (예 / 아니요)

124

125

도움말 형식에 맞춰 독서 감상문을 쓰고, '확인 꾹'에 쓰인 내용을 통해 자신이 쓴 글을 검토하게 하세요.

교과 주제로 시작하는

초등 메가 독서 논술

정답 및 예시 답안

메가스터디BOOKS

내용 문의 02-6984-6930 | 구입 문의 02-6984-6868, 9 | www.megastudybooks.com